Python® para Data Science

Para leigos

Edição de Bolso

Python® para Data Science

Para **leigos**

Edição de Bolso

John Paul Mueller
e Luca Massaron

ALTA BOOKS
EDITORA
Rio de Janeiro, 2020

Python® para Data Science Para Leigos® – Edição de Bolso
Copyright © 2021 da Starlin Alta Editora e Consultoria Eireli. ISBN: 978-85-5081-587-9

Impresso no Brasil — 1ª Edição, 2021 — Edição revisada conforme o Acordo Ortográfico da Língua Portuguesa de 2009.

Produção Editorial
Editora Alta Books

Gerência Editorial
Anderson Vieira

Gerência Comercial
Daniele Fonseca

Produtor Editorial
Thiê Alves

Equipe de Marketing
Livia Carvalho
Gabriela Carvalho
marketing@altabooks.com.br

Coordenação de Eventos
Viviane Paiva
comercial@altabooks.com.brw

Editor de Aquisição
José Rugeri
j.rugeri@altabooks.com.br

Equipe Editorial
Ian Verçosa
Illysabelle Trajano
Juliana de Oliveira
Luana Goulart
Maria de Lourdes Borges
Raquel Porto
Rodrigo Ramos
Thales Silva

Equipe de Design
Larissa Lima
Marcelli Ferreira
Paulo Gomes

Equipe Comercial
Daiana Costa
Daniel Leal
Kaique Luiz
Tairone Oliveira
Vanessa Leite

Tradução
Samantha Batista

Copidesque
Carolina Gaio

Revisão Gramatical
Thaís Pol

Revisão Técnica
Ronaldo Roenick
Especialista em Data Mining e ferramentas aplicadas em IA

Diagramação
Lucia Quaresma

Publique seu livro com a Alta Books. Para mais informações envie um e-mail para autoria@altabooks.com.br

Obra disponível para venda corporativa e/ou personalizada. Para mais informações, fale com projetos@altabooks.com.br

Erratas e arquivos de apoio: No site da editora relatamos, com a devida correção, qualquer erro encontrado em nossos livros, bem como disponibilizamos arquivos de apoio se aplicáveis à obra em questão.

Acesse o site **www.altabooks.com.br** e procure pelo título do livro desejado para ter acesso às erratas, aos arquivos de apoio e/ou a outros conteúdos aplicáveis à obra.

Suporte Técnico: A obra é comercializada na forma em que está, sem direito a suporte técnico ou orientação pessoal/exclusiva ao leitor.

A editora não se responsabiliza pela manutenção, atualização e idioma dos sites referidos pelos autores nesta obra.

Ouvidoria: ouvidoria@altabooks.com.br

Dados Internacionais de Catalogação na Publicação (CIP) de acordo com ISBD

M946p Mueller, John Paul

Python para Data Science Para Leigos – Edição de Bolso / John Paul Mueller, Luca Massaron ; traduzido por Samantha Batista. - Rio de Janeiro : Alta Books, 2021.
256 p. : il. ; 12cm x 17cm.

Tradução de: Python for Data Science For Dummies 2 nd Edition Pocket
Inclui índice.
ISBN: 978-85-5081-587-9

1. Data Science. 2. Dados. 3. Python. I. Massaron, Luca. II. Batista, Samantha. III. Título.

2020-2939 CDD 005.13
CDU 004.62

Elaborado por Vagner Rodolfo da Silva - CRB-8/9410

ALTA BOOKS EDITORA
Rua Viúva Cláudio, 291 — Bairro Industrial do Jacaré
CEP: 20.970-031 — Rio de Janeiro (RJ)
Tels.: (21) 3278-8069 / 3278-8419
www.altabooks.com.br — altabooks@altabooks.com.br
www.facebook.com/altabooks — www.instagram.com/altabooks

ASSOCIADO CBL Câmara Brasileira do Livro

Sobre os Autores

Luca Massaron é cientista de dados e diretor de pesquisa de marketing especializado em análise estatística multivariada, aprendizado de máquina e percepção do cliente [customer insight] com mais de uma década de experiência em solução de problemas reais e em geração de valor para investidores por meio da aplicação de raciocínio, estatística, mineração de dados e algoritmos. De pioneiro de análise de público web na Itália a classificado entre os top 10 Kagglers na kaggle.com, sempre foi apaixonado por tudo o que é relacionado a dados e a análises, e pela demonstração da potencialidade da descoberta do conhecimento gerido por dados para especialistas e para não especialistas. Favorecendo a simplicidade em detrimento da sofisticação desnecessária, ele acredita que muito será alcançado no data science por meio da compreensão e da aplicação prática do básico.

John Mueller é autor freelancer e editor técnico. Tem a escrita na veia, tendo produzido 111 livros e mais de 600 artigos até hoje. Os assuntos variam de networking a inteligência artificial e de gestão de banco de dados a programação direta. Alguns de seus livros atuais incluem discussões sobre data science, aprendizado de máquina e algoritmos. Suas habilidades de edição técnica ajudaram mais de 70 autores a refinar o conteúdo de seus manuscritos. John forneceu serviços de edição técnica a várias revistas, realizou vários tipos de consultorias e escreve testes de certificação. Leia seu blog em `http://blog.johnmuellerbooks.com/`. Entre em contato com ele pelo e-mail `John@JohnMuellerBooks.com` e pelo site `http://www.johnmuellerbooks.com/`. E siga-o na Amazon, em `https://www.amazon.com/John-Mueller/` [todos os conteúdos em inglês].

Dedicatória de Luca

Gostaria de dedicar este livro aos meus pais, Renzo e Licia, que amam ideias simples e bem explicadas, e que, agora, lendo o livro que escrevemos, entenderão mais sobre meu trabalho diário com data science e como essa nova disciplina mudará o modo como entendemos o mundo e atuamos nele.

Dedicatória de John

Este livro é dedicado às pessoas verdadeiramente criativas do mundo — aquelas que não precisam pensar fora da caixa, pois, para elas, a caixa não existe.

Agradecimentos de Luca

Meu muito obrigado a minha família, Yukiko e Amelia, por seu apoio e paciência.

Também agradeço a meus colegas Kagglers por sua ajuda e troca ininterrupta de ideias e opiniões. Em particular, meu muito obrigado a Alberto Boschetti, Giuliano Janson, Bastiaan Sjardin e Zacharias Voulgaris.

Agradecimentos de John

Obrigado a minha esposa, Rebecca. Mesmo já falecida, seu espírito está em cada livro que escrevo, em cada palavra que aparece nas páginas. Ela acreditou em mim quando ninguém mais o fez.

Russ Mullen merece um agradecimento pela edição técnica deste livro. Ele agregou muita precisão e profundidade ao material visto aqui. Russ trabalhou excepcionalmente bem, ajudando com a pesquisa para o livro ao localizar URLs difíceis de encontrar e também oferecendo muitas sugestões.

Matt Wagner, meu agente, merece créditos por ter me ajudado a, antes de tudo, conseguir o contrato e por ter cuidado de todos os detalhes que a maioria dos autores não se lembra de considerar. Sempre valorizo sua assistência. É bom saber que alguém quer ajudar.

Várias pessoas leram todo este livro ou parte dele para me ajudar a refinar a abordagem, os scripts de teste e, no geral, contribuir com ideias que todos os leitores gostariam de ter. Esses voluntários ajudaram de maneiras tão variadas que é impossível mencionar tudo aqui. Agradeço especialmente pelos esforços de Eva Beattie, Glenn A. Russell e Matteo Malosetti, que deram um feedback geral, leram o livro todo e se dedicaram de maneira altruísta a este projeto.

Finalmente, gostaria de agradecer a Katie Mohr, a Susan Christophersen e ao restante da equipe editorial e de produção.

Sumário

Introdução

Os dados são cada vez mais usados para todo tipo de propósito, e muitos desses propósitos escapam à atenção. Mas, sempre que você acessa a internet, gera ainda mais dados. O data science transforma essa quantidade enorme de dados em algo útil — para realizar uma variedade espantosa de tarefas ou para obter serviços.

Python para Data Science Para Leigos não só inicia você no uso do data science para realizar um monte de tarefas práticas, mas também mostra a quantidade de situações em que ele é usado.

Sobre Este Livro

O principal objetivo de *Python para Data Science Para Leigos* é afastar o medo do data science mostrando que ele não é apenas muito interessante, mas também muito viável se usado com o Python. Este vem com uma grande quantidade de bibliotecas úteis que fazem todo o trabalho pesado para você nos bastidores. Não dá para perceber o que está acontecendo e nem é preciso se preocupar. Tudo o que precisa saber é que o Python simplifica todas as tarefas a realizar.

Parte da ênfase deste livro está em usar as ferramentas corretas. Comece com o Anaconda, um produto que inclui IPython e Jupyter Notebook — duas ferramentas que facilitam o trabalho com Python. Você experimenta IPython em um ambiente completamente interativo. O código colocado no Jupyter Notebook (também chamado apenas de Notebook no decorrer deste livro) tem qualidade de apresentação, e você pode misturar vários elementos de apresentação diretamente em seu documento. Não é nada parecido com um ambiente de desenvolvimento.

Para facilitar ainda mais a absorção dos conceitos, este livro usa as seguintes convenções:

- » O texto que deve ser digitado exatamente como está no livro aparece em **negrito**. Exceto quando há uma lista de passos: pois cada passo está em negrito, e o texto a ser digitado, não.
- » Quando vir palavras em *itálico*/***negrito itálico*** como parte de uma sequência de digitação, é preciso substituir esse valor por algo que se aplique a você. Por exemplo, se vir "Digite ***Seu Nome*** e pressione Enter", é necessário substituir *Seu Nome* pelo seu nome de verdade.
- » Endereços da web e códigos de programação aparecem em `fonte monoespaçada`.
- » Quando precisar digitar sequências de comandos, verá que estão separados por uma seta especial, assim: Arquivo ⇨ Novo. Nesse exemplo, você acessa primeiro o menu Arquivo e depois seleciona a entrada Novo nesse menu.

Penso que...

Talvez seja difícil de acreditar que fizemos suposições sobre você — afinal de contas, nós nem nos conhecemos ainda! Mas as fizemos para ter um ponto de partida para o livro.

Você deve saber como trabalhar com o Python. Esta edição do livro não contém mais uma introdução, pois há aos montes em tutoriais online (veja `https://www.w3schools.com/python/` e `https://www.tutorialspoint.com/python/` [conteúdos em inglês] como exemplos).

Também supomos que você acessa itens na internet com facilidade. Há várias referências a material online que melhorarão sua experiência de aprendizado no decorrer do livro. No entanto, esses recursos extras são úteis apenas se forem encontrados e utilizados.

Ícones Usados Neste Livro

Ao ler este livro, você verá ícones que indicam material de interesse. Esta seção descreve brevemente cada ícone do livro.

DICA

Dicas são legais porque o ajudam a poupar tempo ou a realizar uma tarefa sem muito trabalho extra. As dicas neste livro são técnicas de economia de tempo ou indicações para recursos que deveria experimentar para obter o máximo de benefícios do Python ou na realização de tarefas relacionadas ao data science.

CUIDADO

Não queremos parecer pais bravos nem maníacos, mas evite tudo o que estiver sinalizado pelo ícone Cuidado. Caso contrário, verá que sua aplicação não funciona como o esperado — você obtém respostas incorretas de equações aparentemente certas ou (na pior das hipóteses) perde dados.

LEMBRE-SE

Se não aproveitar mais nada de um capítulo ou de uma seção específica, lembre-se do material marcado por este ícone. Esse texto geralmente contém um processo essencial ou uma informação que deve saber para trabalhar com o Python ou para realizar com sucesso tarefas relacionadas ao data science.

De Lá para Cá, Daqui para Lá

Chegou a hora de começar sua aventura em *Python para Data Science Para Leigos*! Se o Python e seu uso para tarefas de data science for algo totalmente novo para você, comece pelo Capítulo 1 e progrida pelo livro a um ritmo que possibilite a absorção do máximo de conteúdo possível.

Se for um novato com muita pressa para começar, pule para o Capítulo 3, mas entenda que pode achar alguns tópicos um pouco confusos mais adiante. Não há problema em pular para o Capítulo 5 se já tiver o Anaconda (o produto de programação usado neste livro) instalado, mas certifique-se de, pelo menos, dar uma lida rápida no Capítulo 3 para que saiba quais suposições fizemos ao escrever este livro.

Não se esqueça de instalar o Anaconda com a versão 3.6.5 do Python para obter os melhores resultados com o código-fonte do livro.

Os leitores que já têm um pouco de familiaridade com o Python e têm o Anaconda instalado podem poupar um pouco de leitura indo diretamente ao Capítulo 5. Você sempre poderá voltar para os primeiros capítulos quando for necessário, se tiver dúvidas. Entretanto, entenda como cada técnica funciona antes de passar para a próxima. Cada técnica, exemplo de código e procedimento têm lições importantes, e você poderá perder conteúdos vitais se pular informações demais.

1
Começando

NESTA PARTE...

Entenda como o Python facilita o data science.

Descubra os atributos do Python comumente usados no data science.

Crie uma configuração própria do Python.

Trabalhe com o Google Colab.

NESTE CAPÍTULO

» Descobrindo maravilhas e explorando o data science

» Conectando Python e data science

» Começando com o Python

Capítulo 1

Combinando Data Science e Python

O data science pode parecer uma daquelas tecnologias que você nunca usaria, mas isso está errado. Sim, data science envolve o uso de técnicas avançadas de matemática, estatística e big data, mas ajuda a tomar melhores decisões, criar sugestões para opções baseadas em escolhas anteriores e fazer com que robôs vejam objetos. Na verdade, as pessoas usam data science de tantas formas diferentes que não se pode olhar para lugar nenhum ou fazer o que quer que seja sem sentir os efeitos do data science em sua vida. Resumindo: é o data science que está por trás das cortinas na experiência das maravilhas da tecnologia. Sem data science, muito do que entendemos como comum e esperado hoje não seria possível. É por isso que cientista de dados é a profissão mais atraente do século XXI.

LEMBRE-SE

Para que o data science seja viável para alguém que não é um gênio da matemática, são necessárias ferramentas. Você pode usar qualquer quantidade de ferramentas para realizar tarefas de data science, mas o Python é especialmente adequado para facilitar o trabalho com data science. Por um lado, ele fornece um número incrível de bibliotecas relacionadas à matemática que ajudam na realização de tarefas com uma compreensão quase perfeita do que acontece exatamente. Contudo, a função do Python vai além de suportar vários estilos de código (paradigmas de programação) e facilitar seu trabalho. Portanto, sim, você pode usar outras linguagens para escrever aplicações de data science, mas o Python reduz a carga de trabalho, então é uma escolha natural para quem não quer trabalhar demais, mas quer trabalhar bem.

Este capítulo o apresenta ao Python. Embora o objetivo deste livro não seja fornecer um tutorial completo sobre o Python, explorar algumas questões básicas sobre ele permitirá que você pegue o ritmo. (Se precisar de um bom tutorial introdutório, adquira o livro *Começando a Programar em Python Para Leigos* [Alta Books]. Ele oferece indicações de tutoriais e outros recursos necessário para preencher as lacunas que você possa ter em seu aprendizado do Python.)

ESCOLHENDO UMA LINGUAGEM DE DATA SCIENCE

Há muitas linguagens de programação no mundo, e a maioria foi criada para realizar tarefas específicas ou até para facilitar o trabalho de determinadas profissões. Escolher a ferramenta correta facilita sua vida. É como usar um martelo para apertar um parafuso em vez de uma chave de fenda. Sim, o martelo funciona, mas, definitivamente, a chave de fenda é muito mais fácil de usar e faz um trabalho melhor. Os cientistas de dados usam apenas algumas linguagens, pois elas facilitam o trabalho com os dados. Com isso em mente, aqui estão as principais linguagens para o trabalho com data science, em ordem de preferência:

- **Python (uso geral):** Muitos cientistas de dados preferem usar o Python porque ele fornece muitas bibliotecas, como NumPy, SciPy, MatPlotLib, pandas e Scikit-learn, para facilitar significativamente as tarefas com data science. O Python também é uma linguagem precisa, que facilita o uso de multiprocessamento em grandes conjuntos de dados — reduzindo o tempo exigido para analisá-los. A comunidade de data science também evoluiu com IDEs especializados, como o Anaconda, que implementam o conceito Jupyter Notebook, que facilita muito o trabalho com cálculos de data science. Além de tudo isso a favor do Python, ele também é uma linguagem excelente para se criar glue code com linguagens como C/C++ e Fortran. A documentação do Python mostra como criar as extensões necessárias; e a maioria de seus usuários depende da linguagem para ver padrões, como dar permissão para que um robô veja um grupo de pixels como um objeto. Ele também é aplicável a todos os tipos de tarefas científicas.

- **R (uso especial estatístico):** Em muitos aspectos, o Python e o R compartilham os mesmos tipos de funcionalidade, mas as implementam de modo diferente. Dependendo de qual fonte é visualizada, o Python e o R têm mais ou menos o mesmo número de proponentes, e algumas pessoas usam ambas de modo intercambiável (ou, às vezes, em dupla). Diferentemente do Python, o R fornece um ambiente próprio, então você não precisa de produtos de terceiros, como o Anaconda. No entanto, o R não se mistura com outras linguagens com a mesma facilidade que o Python.
- **SQL (gestão de banco de dados):** O mais importante a ser lembrado sobre a Structured Query Language (SQL) é que ela foca os dados, e não as tarefas. Nada opera sem uma boa gestão de dados — eles são o negócio. Grandes organizações usam algum tipo de banco de dados relacional, normalmente acessível com SQL, para armazenar os dados. A maioria dos produtos de Sistemas de Gerenciamento de Banco de Dados (SGBD) depende de SQL como linguagem principal, e os SGBD, em geral, têm um grande número de atributos de análises de dados e de data science incorporados. Como você acessa os dados nativamente, muitas vezes há um ganho de velocidade significativo ao realizar tarefas de data science dessa forma. Os Administradores de Bancos de Dados (DBAs) usam SQL para gerenciar ou manipular os dados, em vez de necessariamente realizar análises detalhadas deles. No entanto, o cientista de dados também pode usar SQL para várias tarefas de data science e disponibilizar os scripts resultantes para as necessidades dos DBAs.

(continua)

(continuação)

- **Java (uso geral):** Alguns cientistas de dados realizam outros tipos de programação que exigem uma linguagem popular, amplamente adaptada e de uso mais geral. Além de fornecer acesso a um grande número de bibliotecas (cuja maioria não é tão útil para data science, mas funciona para outras necessidades), o Java suporta a orientação a objetos melhor do que qualquer outra linguagem desta lista. Além disso, é muito tipado e tende a ser executado com mais rapidez. Consequentemente, algumas pessoas o preferem para o código finalizado. O Java não é uma boa opção para experimentação nem para consultas *ad hoc*.
- **Scala (uso geral):** Como o Scala usa a Máquina Virtual Java (JVM), tem algumas vantagens e desvantagens em relação ao Java. Contudo, como o Python, o Scala é compatível com o paradigma da programação funcional, que usa cálculos lambda como base (veja detalhes em *Programação Funcional Para Leigos*). Além disso, o Apache Spark é escrito em Scala, o que significa que você tem um bom suporte para grupo ao usar essa linguagem — pense no suporte de um conjunto de dados gigantesco. Algumas armadilhas do uso do Scala são a dificuldade de configurá-lo corretamente, a dificuldade de aprendizado e a falta de um conjunto abrangente de bibliotecas específicas de data science.

Definindo o Trabalho Mais Atraente do Século XXI

A certa altura, o mundo via todos os que trabalhavam com estatística como um tipo de contador, ou talvez um cientista louco. Muitas pessoas consideram a estatística e a análise de dados algo chato. Entretanto, o data science é uma dessas profissões em que quanto mais você aprende, mais quer aprender. Responder a uma pergunta muitas vezes gera mais perguntas ainda mais interessantes do que a que acabou de ser respondida. Contudo, o que torna o data science tão atraente é que ele é visto em todas as situações e usado de infinitas maneiras.

Considerando a emergência do data science

Data science é uma expressão relativamente nova. William S. Cleveland a cunhou em 2001 como parte de um artigo sobre o data science como plano de ação para expandir as áreas técnicas do campo da estatística. Foi apenas um ano mais tarde que o Conselho Internacional de Ciência de fato o reconheceu e criou um comitê para ele. A Universidade de Columbia entrou em cena em 2003 ao iniciar a publicação do *Journal of Data Science*.

LEMBRE-SE

No entanto, a base matemática por trás do data science tem muitos séculos, pois ele é praticamente um método para ver e analisar estatística e probabilidade. O primeiro uso relevante do termo "estatística" data de 1749, mas ela com certeza é muito mais antiga. As pessoas usaram estatística para reconhecer padrões por milhares de anos. Por exemplo, o historiador Tucídides (em seu *História da Guerra do Peloponeso*) descreve como os atenienses calcularam a altura do muro de Plateias no século V a.C. por meio da contagem de tijolos em uma seção sem reboco do muro. Como a contagem precisava ser exata, os atenienses tiraram a média da contagem feita por vários soldados.

O processo de quantificar e entender a estatística é, de certa forma, novo, mas a ciência em si é antiga. Uma tentativa anterior de registrar a importância da estatística aparece no século IX, quando Alcindi escreveu o *Manuscrito para Decifrar Mensagens Criptográficas*. Nele, descreve como usar uma combinação de análises estatísticas e de frequência para decifrar mensagens criptografadas. Mesmo no começo, a estatística já era aplicável à ciência para tarefas aparentemente impossíveis de completar. O data science continua esse processo, e, para algumas pessoas, realmente parece mágica.

Esboçando as competências centrais

Como é válido para qualquer um que tenha as atribuições mais complexas hoje em dia, o cientista de dados necessita de uma ampla gama de habilidades para realizar as tarefas necessárias. Na verdade, são tantas as habilidades diferentes exigidas que os cientistas de dados geralmente trabalham em equipe. Alguém bom em reunir dados pode se juntar a um analista e a alguém com o dom de apresentar informações. Seria difícil encontrar uma única pessoa com todas as habilidades necessárias. Com isso em mente, a lista a seguir descreve áreas em que um cientista de dados se destaca (sendo que, quanto mais competências tiver, melhor):

» **Captura de dados:** Não importa o tipo de habilidade matemática que você tenha se, primeiro, não conseguir dados para analisar. A coleta de dados começa com a administração da fonte de dados por meio de habilidades de gestão de banco de dados. Contudo, os dados brutos não são particularmente úteis em muitas situações — você também deve entender o domínio dos dados para que possa observá-los e formular as perguntas que devem ser feitas. Por fim, deve ter habilidades de modelagem de dados para compreender como os dados se conectam e se eles são estruturados.

» **Análise:** Depois de obter os dados com os quais trabalhará e entender suas complexidades, pode começar a analisá-los. Isso é feito utilizando-se habilidades básicas de ferramentas estatísticas, como aquelas que quase todo mundo aprende na escola. Entretanto, o uso de truques matemáticos e algoritmos especializados torna os padrões nos dados mais óbvios ou os ajuda a chegar a conclusões que não seriam possíveis apenas por meio da revisão dos dados.

» **Apresentação:** A maioria das pessoas não entende muito bem os números. Elas não conseguem ver os padrões que os cientistas de dados veem. É importante apresentar esses padrões na forma gráfica para ajudar os outros a visualizar o significado dos números e como aplicá-los de modo significativo. Mais importante ainda, a apresentação deve contar uma história específica, para que o impacto dos dados não seja perdido.

Conectando data science, big data e IA

Curiosamente, o ato de mover dados para que alguém realize análises é uma especialidade chamada de Extração, Transformação e Carregamento (da sigla em inglês, ETL). O especialista em ETL usa linguagens de programação como o Python para extrair os dados de várias fontes. As corporações tendem a não manter os dados em um local de fácil acesso, então encontrar os dados requeridos para realizar análises leva tempo. Depois que o especialista em ETL encontra os dados, uma linguagem de programação ou outra ferramenta os transforma em um formato comum para propósitos de análise. O processo de carregamento é diversificado, mas este livro conta com o Python para realizar a tarefa. Em uma grande operação real, você pode usar ferramentas como Informatica, MS SSIS ou Teradata para realizá-la.

Criando o Pipeline do Data Science

O data science é metade arte e metade engenharia. Reconhecer padrões em dados, considerar quais perguntas fazer e determinar quais algoritmos funcionam melhor são partes do lado artístico. No entanto, para que esse lado se concretize, a parte da engenharia se apoia em um processo especial para alcançar objetivos específicos. Esse processo é o pipeline de data science, que requer que o cientista de dados siga determinados passos na preparação, na análise e na apresentação dos dados.

Preparando os dados

Os dados acessados de várias fontes não vêm em um pacote bonito, pronto para a análise — é bem pelo contrário. Os dados brutos não só podem variar consideravelmente no formato, como você também pode ter que os transformar para que todas as fontes de dados sejam coesas e favoráveis à análise. A transformação pode exigir mudança nos tipos de dados, na ordem em que aparecem e até na criação de entradas de dados com base nas informações fornecidas pelas entradas existentes.

Realizando análise de dados exploratória

A matemática por trás da análise de dados depende dos princípios de engenharia em que os resultados são comprováveis e coerentes. Contudo, o data science fornece acesso a uma grande variedade de métodos estatísticos e algoritmos que o ajudam a descobrir padrões nos dados. Uma única abordagem normalmente não funciona. É preciso usar um processo iterativo para retrabalhar os dados a partir de diversas perspectivas. O uso de tentativa e erro faz parte da arte do data science.

Aprendendo com os dados

Ao iterar com vários métodos de análises estatísticas e aplicar algoritmos para detectar padrões, você começa a aprender com os dados. Eles podem não contar a história que você achava que contariam, ou podem ter muitas histórias para contar. A descoberta faz parte da vida do cientista de dados. Na verdade, é a parte divertida, pois não é possível saber com antecedência o que exatamente os dados revelarão.

LEMBRE-SE

É claro que a natureza imprecisa dos dados e a descoberta de padrões que parecem ser aleatórios significa que devemos manter a mente aberta. Se tiver ideias preconcebidas do que os dados contêm, não encontrará as informações que de fato estão neles. Assim, perde a fase de descoberta do processo, que se traduz em oportunidades perdidas para você e para as pessoas que dependem de você.

Visualizando

Visualizar significa ver os padrões nos dados e ser capaz de reagir a eles. Também significa ser capaz de ver quando os dados não fazem parte do padrão. Pense em si mesmo como um escultor de dados — removendo os que estão fora do padrão (os outliers) para que os outros vejam a obra-prima das informações escondida. Sim, você consegue vê-la, mas até que os outros também consigam, ela permanece apenas em seu campo de visão.

Obtendo insights e produtos de dados

Pode parecer que o cientista de dados simplesmente procura métodos únicos para visualizar os dados. Contudo, o processo não acaba até que se tenha uma compreensão clara do significado desses dados. Os insights obtidos a partir da manipulação e da análise de dados o ajudam a realizar tarefas reais. Por exemplo, os resultados de uma análise podem ser utilizados para tomar decisões de negócios.

Em certos casos, o resultado de uma análise cria uma resposta automatizada. Por exemplo, quando um robô vê uma série de pixels obtidos de uma câmera, os pixels que formam um objeto têm um significado especial, e a programação do robô dita algum tipo de interação com esse objeto. Mas, até que o cientista de dados crie uma aplicação que carregue, analise e visualize os pixels da câmera, o robô não vê nada.

Entendendo o Papel do Python no Data Science

Dadas as fontes de dados certas, as exigências de análise e as necessidades de apresentação, o Python se aplica a todas as partes do pipeline de data science. Na verdade, é exatamente isso o que você fará neste livro. Cada exemplo usa o Python para lhe explicar outra parte da equação do data science. De todas as linguagens disponíveis para realizar tarefas de data science, o Python é a mais flexível e apta, pois suporta muitas bibliotecas de terceiros dedicadas à tarefa.

Trabalhando com uma linguagem multiúso, simples e eficiente

Há muitas maneiras de realizar tarefas de data science. Este livro trata apenas de um dos diversos métodos à disposição. Entretanto, o Python é uma das poucas soluções que, de forma isolada, resolve problemas complexos de data science. Em vez de ter de usar várias ferramentas para realizar uma tarefa, pode-se usar apenas uma única linguagem, o Python, para fazer o trabalho. A diferença desta é o grande número de bibliotecas científicas e matemáticas criadas por terceiros. A inserção dessas bibliotecas amplia o Python e lhe possibilita realizar facilmente tarefas que outras linguagens teriam problemas para dar conta.

DICA

As bibliotecas do Python são seu principal atrativo; mas ele oferece mais do que um código reutilizável. O mais importante a ser considerado é que essa linguagem é compatível com quatro estilos de programação:

- **Funcional:** Trata cada declaração como uma equação matemática e evita qualquer forma de estado ou dados mutáveis. A principal vantagem dessa abordagem é não ter nenhum efeito colateral. Além disso, esse estilo de programação é mais adequado para o processamento paralelo, pois não há estado a ser considerado. Muitos desenvolvedores preferem este tipo de programação para recursão e para cálculo lambda.
- **Imperativa:** Realiza cálculos como uma mudança direta no estado do programa. Esse estilo é particularmente útil ao manipular estruturas de dados e produz um código elegante, mas ainda simples.
- **Orientada a objetos:** Depende de campos de dados tratados como objetos e manipulados apenas por métodos prescritos. O Python não suporta por completo esta forma de programação, pois não consegue implementar atributos como a ocultação de dados. No entanto, esse é um estilo de programação útil para aplicações complexas, pois suporta o encapsulamento e o polimorfismo, e também favorece a reutilização do código.
- **Procedural:** Trata de tarefas como iterações passo a passo, em que as tarefas comuns são colocadas em funções que são chamadas quando necessário. Esse estilo de programação favorece a iteração, o sequenciamento, a seleção e a modularização.

NESTE CAPÍTULO

» Investigando o surgimento do Python

» Começando rápido com o Python

» Definindo e explorando o poder do Python para o cientista de dados

Capítulo 2

As Capacidades e as Maravilhas do Python

Todos os computadores rodam em apenas uma linguagem: o código de máquina. Porém, a não ser que queira aprender a falar como um computador, em zeros e uns, o código de máquina não é particularmente útil. Você nunca deve tentar definir problemas de data science com código de máquina. Levaria a vida toda (ou mais) só para isso. Linguagens de nível mais alto possibilitam a escrita rápida de muito código compreensível a seres humanos, e as ferramentas usadas nessas linguagens possibilitam a tradução dele em código de máquina, para que ela o entenda. Portanto, a escolha das linguagens depende da necessidade humana, não da necessidade da máquina. Com isso em mente, este capítulo apresenta as capacidades do Python que o tornam uma escolha prática para o cientista de dados. Afinal de contas, você quer saber por que este livro usa o Python e não outra linguagem, como Java ou C++. Essas outras linguagens são ótimas escolhas para algumas tarefas, mas não são tão adequadas para atender às necessidades do data science.

Por que o Python?

O Python foi ideia de uma única pessoa, Guido van Rossum. Talvez surpreenda o fato de que ele existe há bastante tempo — Guido o criou em dezembro de 1989 como substituto para a linguagem ABC. Não há informações sobre os objetivos precisos de sua criação, mas ele mantém a habilidade do ABC de criar aplicações de todos os tipos e, ao contrário do ABC, conta com quatro estilos de programação. Em resumo, Guido usou o ABC como ponto de partida, ele o achou limitado e criou uma linguagem sem tais limitações. É um exemplo de criação de linguagem que é de fato melhor que sua predecessora.

Entendendo a filosofia central do Python

Guido idealizou o Python como um projeto skunkworks [um grupo de pessoas que trabalha em um projeto inovador de forma livre e não convencional dentro de uma empresa]. O conceito principal era criá-lo o mais rápido possível, mas de forma que ainda fosse uma linguagem flexível, que rodasse em qualquer plataforma e tivesse um potencial significativo para extensões. O Python tem todos esses recursos e muito mais. É claro que sempre há pedras no caminho, como descobrir o quanto do sistema de base expor.

Contribuindo com o data science

Como este é um livro sobre data science, você provavelmente está se perguntando como o Python contribui para a melhoria do data science e o que a palavra *melhoria* realmente significa nesse caso. Saber que muitas organizações usam o Python não esclarece muito, pois isso não revela como este é usado, o que é muito importante caso queira que a linguagem atenda a uma necessidade específica.

Todos os dias, o Forecastwatch.com compara 36 mil previsões com o clima real experienciado pelas pessoas e então usa os resultados para criar previsões melhores. Reunir e interpretar os dados sobre o clima de 800 cidades norte-americanas é assustador, então o Forecastwatch.com precisava de uma linguagem que fizesse o necessário com o mínimo transtorno. Estas são as razões para o Forecastwatch.com ter escolhido o Python:

- **Suporte a bibliotecas:** O Python suporta uma grande quantidade de bibliotecas, mais do que qualquer organização precisa.
- **Processamento paralelo:** Cada previsão é processada como uma thread separada, então o sistema trabalha rapidamente com elas. Os dados de thread incluem o URL do site que contém a previsão requerida junto a uma informação de categoria, como o nome da cidade.
- **Acesso aos dados:** É impossível reter a enorme quantidade de dados na memória, então o Forecastwatch.com depende de uma base de dados MySQL acessada por meio da biblioteca MySQLdb, uma daquelas poucas que ainda não foram para a versão 3.*x* do Python.
- **Exibição de dados:** Originalmente, utilizava-se PHP para produzir a exibição das saídas de Forecastwatch.com. No entanto, ao usar Quixote, que é um framework de exibição, o Forecastwatch.com conseguiu mover tudo para o Python.

Trabalhando com o Python

Este livro não apresenta um tutorial completo do Python. (Mas há um no livro *Começando a Programar em Python Para Leigos* — Alta Books.) Por enquanto, vale a pena dar uma olhada rápida em qual é a aparência de Python e como interagimos com ele.

Provando um gostinho da linguagem

O Python foi projetado para fornecer declarações claras em um espaço incrivelmente pequeno. Uma única linha desse código realiza tarefas que outra linguagem normalmente precisaria de várias linhas para executar. Por exemplo, se quiser exibir algo na tela, diga assim ao Python para exibi-lo:

```
print("Hello There!")
```

DICA

Esse é um exemplo da função `print()` 3.*x*. (A versão 2.*x* inclui uma forma de função `print`, que requer parênteses, e uma forma de declaração `print`, que os omite.) Se usarmos `print()` sem os parênteses em 3.*x*, recebemos uma mensagem de erro:

```
    File "<Jupyter-input-1-fe18535d9681>", line 1
    print "Hello There!"
                       ^
SyntaxError: Missing parentheses in call to 'print'. Did
you
   mean print("Hello There!")?
```

O ponto é que você pode simplesmente dizer ao Python para exibir o texto, um objeto ou qualquer outra coisa usando uma declaração simples. Não é preciso ter habilidades muito avançadas de programação. Quando quiser finalizar a sessão usando um ambiente de linha de comando como o IDLE, é só digitar `quit()` e pressionar Enter. Este livro conta com um ambiente muito melhor, o Jupyter Notebook, que faz com que o código pareça ter saído do caderno de alguém.

Entendendo a necessidade da indentação

O Python depende da indentação para criar vários atributos de linguagem, como as declarações condicionais. Um dos erros mais comuns encontrados pelos desenvolvedores é não oferecer a indentação adequada ao código. Vemos esse princípio em ação mais adiante no livro, mas, por ora, sempre preste atenção à indentação ao trabalhar com os exemplos do livro. Por exemplo, esta é uma declaração `if` (uma condicional que diz que se algo atender a determinada condição, o código que vem a seguir deve ser executado) com a indentação adequada.

```
if 1 < 2:
   print("1 is less than 2")
```

CUIDADO

A declaração `print` deve aparecer indentada abaixo da declaração condicional. Caso contrário, a condição não funcionará como o esperado, e uma mensagem de erro será exibida.

ENTENDENDO O PACOTE ANACONDA

O livro aborda o Anaconda como um produto. Você instala e interage com o Anaconda como faria com qualquer outro produto. Mas, na verdade, ele é uma compilação de várias aplicações de código aberto, que podem ser usadas de forma isolada ou em conjunto para atingir objetivos específicos de programação. Na maior parte do livro, usamos uma única aplicação, o Jupyter Notebook, para realizar tarefas. Mas é bom conhecer as outras aplicações do pacote Anaconda para aproveitar o produto todo ao máximo.

Muitos cientistas de dados contam com o pacote de produtos Anaconda, e é por isso que o utilizamos aqui. Contudo, talvez você ache que alguns dos produtos de código aberto têm uma forma diferente quando baixados de maneira separada. Por exemplo, o Jupyter Notebook tem um formato mais recente do que o que está no pacote Anaconda. Devido às diferenças de versões do Jupyter Notebook, é preciso instalar a versão especificada neste livro, o que significa usar o pacote Anaconda em vez de o arquivo baixado separadamente.

Trabalhando na linha de comando ou no IDE

O Anaconda é um produto que facilita ainda mais o uso do Python. Ele vem com várias vantagens que o ajudarão a trabalhar com o Python de diversas formas. A maior parte deste livro depende do Jupyter Notebook. Na realidade, este livro não usa muito nenhum outro utilitário do Anaconda, mas eles existem e às vezes são úteis para trabalhar com o Python.

Criando novas sessões com o prompt de comando do Anaconda

Apenas um dos utilitários do Anaconda dá acesso direto à linha de comando, o Anaconda Prompt. Ao iniciar esse utilitário, você verá um prompt de comando no qual os comandos devem ser digitados. A principal vantagem desse utilitário é que lhe permite inicializar um utilitário do Anaconda com qualquer um dos parâmetros opcionais fornecidos para modificar o ambiente padrão do utilitário. É claro que muitos dos utilitários são inicializados utilizando-se o interpretador Python acessado por meio do comando `python.exe`. (Se tiver o Python 3.6 e o Python 2.7 instalados no seu sistema e abrir um prompt de comando ou janela terminal comum, perceberá que a versão 2.7 é inicializada, então é sempre melhor abrir o Anaconda Command Prompt para garantir o uso da versão correta do Python.) Então é possível simplesmente digitar **python** e pressionar Enter para iniciar uma cópia do interpretador Python, caso queira. A Figura 2-1 exibe a aparência normal do interpretador.

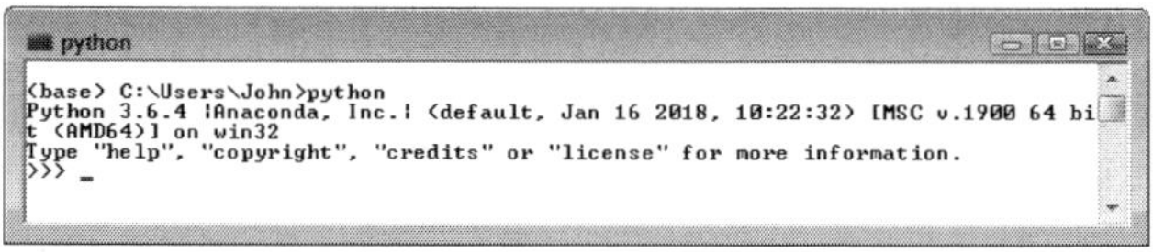

FIGURA 2-1: Uma visualização do interpretador Python padrão.

Para sair do interpretador, digite **quit()** e pressione Enter. De volta à linha de comando, você pode descobrir a lista de parâmetros opcionais da linha de comando `python.exe` digitando **python -?** e pressionando Enter. A Figura 2-2 mostra algumas das maneiras possíveis de mudar o ambiente do interpretador Python.

Se quiser, crie uma forma modificada de qualquer utilitário fornecido pelo Anaconda iniciando o interpretador com o script correto. Os scripts aparecem no subdiretório `scripts`. Por exemplo, digite **python Anaconda3/scripts/Jupyter-script.py** e pressione Enter para iniciar o ambiente Jupyter sem usar o comando gráfico da plataforma. Para modificar ainda mais o comportamento do script, adicione argumentos de linha de comando. Ao trabalhar com ele, obtenha informações sobre Jupyter usando os argumentos de linha de comando a seguir:

FIGURA 2-2: O interpretador Python inclui vários parâmetros opcionais para a linha de comando.

- `--version`: Obtém a versão do Jupyter Notebook sendo usado.
- `--config-dir`: Exibe o diretório de configuração do Jupyter Notebook (onde as informações de configuração estão armazenadas).
- `--data-dir`: Exibe o local de armazenamento dos dados da aplicação Jupyter e não dos projetos. Os projetos geralmente aparecem na pasta do usuário.
- `--runtime-dir`: Exibe a localização dos arquivos de runtime Jupyter, que geralmente estão em um subdiretório do diretório data.
- `--paths`: Cria uma lista de caminhos que Jupyter é configurado a usar.

Entrando no ambiente IPython

O ambiente IPython (Interactive Python) oferece melhorias ao interpretador Python padrão. Para começar nesse ambiente, use o comando `IPython`, em vez do comando `Python` padrão, no Anaconda Prompt. O objetivo principal do ambiente mostrado na Figura 2-3 é ajudá-lo a usar Python com mais facilidade. Note que a versão é a mesma com o uso do comando `Python`, mas que a versão de IPython é diferente, e o prompt exibido é outro. Para ver essas melhorias (como na figura), digite **%quickref** e pressione Enter.

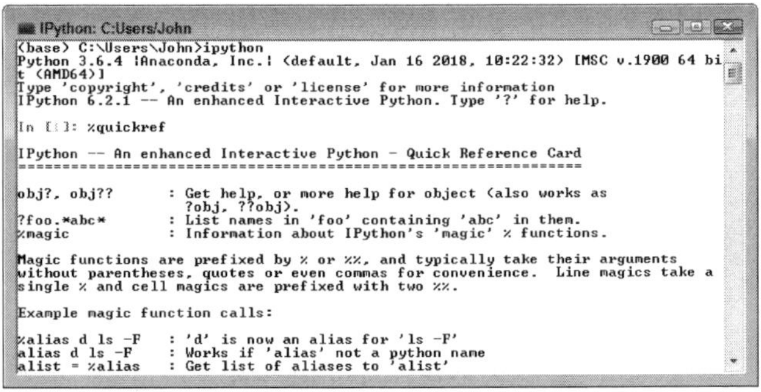

FIGURA 2-3: O ambiente Jupyter é mais fácil de usar do que o interpretador Python padrão.

Um dos acréscimos mais interessantes ao IPython é um comando para limpar a tela (`cls`) totalmente funcional. Não há como limpar a tela com facilidade ao trabalhar com o interpretador do Python, o que significa que as coisas tendem a ficar um pouco bagunçadas depois de um tempo.

Entrando no ambiente Jupyter QTConsole

Tentar memorizar comandos e funções Python é difícil — e tentar memorizar as adições de melhoria a Jupiter é ainda pior. Algumas pessoas de fato diriam que é algo impossível de se fazer (e talvez estejam certas). É aí que entra em jogo o Jupyter QTConsole. Ele acrescenta uma interface gráfica do usuário (GUI) no Jupyter, o que facilita muito o uso das melhorias que ele fornece.

DICA

Você pode achar que o QTConsole não existe se utilizou versões anteriores do Anaconda, mas ele está lá. Apenas o método de acesso direto é inexistente. Para iniciar o QTConsole, abra um Anaconda Prompt, digite **Jupyter QTConsole** e pressione Enter. A inicialização do QTConsole começará, como mostra a Figura 2-4. É claro que esse recurso ocupa um pouco do espaço da tela, e alguns programadores hardcore não gostam da ideia de usar uma GUI, então é preciso escolher que tipo de ambiente usar ao programar.

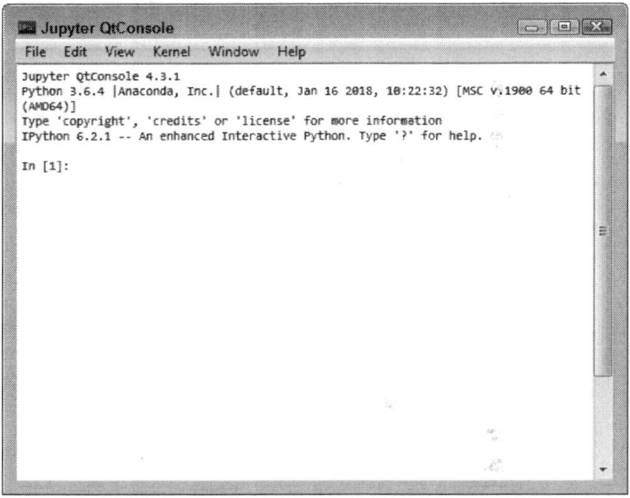

FIGURA 2-4: Use o QTConsole para facilitar o trabalho no Jupyter.

Alguns dos comandos melhorados aparecem em menus no topo da janela. Basta escolher o comando que deseja usar. Por exemplo, para reiniciar o kernel, selecione Kernel ➪ Restart Current Kernel. O acesso aos comandos IPython é similar. Por exemplo, digite **%magic** e pressione Enter para ver uma lista de comandos mágicos.

Editando scripts usando Spyder

Spyder é um IDE (Ambiente de Desenvolvimento Integrado) funcional. Ele é usado para carregar scripts, editá-los, executá-los e realizar tarefas de depuração. A Figura 2-5 mostra o ambiente padrão de janelas.

O IDE Spyder é parecido com qualquer outro IDE. Qualquer código criado é colocado em um arquivo script, e você deve salvá-lo antes de executá-lo. A janela do canto superior direito contém várias guias para inspecionar objetos, explorar variáveis e interagir com arquivos. A do canto inferior direito, o console Python, um registro de histórico e o console Jupyter.

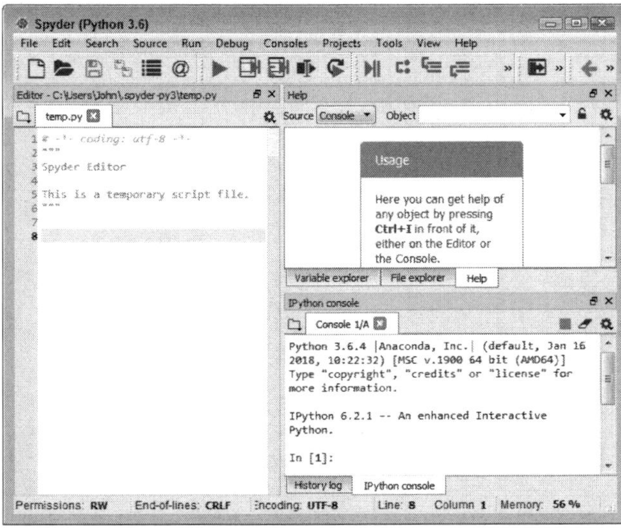

FIGURA 2-5: Spyder é um estilo de IDE tradicional para desenvolvedores que precisam de um.

Usando o Ecossistema do Python para o Data Science

Você já viu a necessidade de carregar bibliotecas para realizar tarefas de data science no Python. Agora, verá um panorama das bibliotecas usadas para os exemplos de data science deste livro, e vários exemplos mostram as bibliotecas em ação.

Acessando ferramentas científicas com SciPy

A pilha SciPy contém muitas outras bibliotecas que também podem ser baixadas separadamente e fornecem suporte para matemática, ciência e engenharia. Com SciPy, você obtém um conjunto de bibliotecas projetadas para trabalhar juntas na criação de aplicações de diversos tipos. São elas:

- NumPy.
- SciPy.
- matplotlib.
- Jupyter.
- Sympy.
- pandas.

Realizando cálculo científico básico com NumPy

A biblioteca NumPy oferece meios de realizar manipulação de vetores (arrays) e matrizes multidimensionais, algo muito importante no trabalho de data science. O conjunto de dados Boston é um exemplo de matriz multidimensional, e você não conseguiria acessá-lo facilmente sem as funções NumPy que incluem suporte para álgebra linear, transformada de Fourier e geração de números aleatórios.

Realizando análise de dados com pandas

A biblioteca pandas oferece suporte para estruturas de dados e ferramentas de análise de dados e é otimizada para realizar tarefas de data science de modo rápido e eficiente. O princípio básico por trás do pandas é fornecer análise de dados e modelar o suporte para o Python de maneira similar a outras linguagens, como R.

Implementando o aprendizado de máquina com Scikit-learn

A biblioteca Scikit-learn é uma das várias bibliotecas Scikit que se baseiam nas capacidades fornecidas por NumPy e SciPy para que os desenvolvedores Python possam realizar tarefas de domínio específico. Neste caso, a biblioteca se concentra em mineração e análise de dados. Ela fornece acesso aos tipos de funcionalidades a seguir:

- Classificação.
- Regressão.
- Clustering (agrupamento).
- Redução de dimensionalidade.
- Seleção de modelo.
- Processamento.

Avançando no aprendizado profundo com Keras e TensorFlow

O Keras é uma interface de programação de aplicações (API) usada para treinar modelos de aprendizado profundo [deep learning]. Uma *API* geralmente especifica um modelo para fazer determinada tarefa, mas não fornece uma implementação. Portanto, é preciso uma implementação do Keras para realizar um trabalho útil, e é aí que o TensorFlow entra em jogo. Você também pode usar o Cognitive Toolkit, CNTK, da Microsoft, ou o Theano, para implementar o Keras, mas este livro utiliza o TensorFlow.

Ao trabalhar com uma API, buscamos modos de simplificar as tarefas. O Keras as facilita das seguintes maneiras:

- **Interface consistente:** A interface Keras é otimizada para casos de uso comuns com ênfase no feedback acionável para corrigir erros do usuário.
- **Abordagem lego:** Usar uma abordagem de caixa-preta facilita a criação de modelos por meio da conexão de blocos de construção configuráveis com apenas algumas restrições em relação a como podem ser conectados.
- **Extensível:** Você pode acrescentar blocos facilmente para expressar ideias novas para pesquisa que incluem novas camadas, funções de perda e modelos.
- **Processamento paralelo:** Para rodar aplicações rapidamente, você precisa de um bom suporte de processamento paralelo. O Keras roda tanto em CPUs quanto em GPUs.
- **Suporte Python direto:** Não é preciso fazer nada de especial para que a implementação do Keras pelo TensorFlow trabalhe com o Python, o que se torna um grande obstáculo ao trabalhar com outros tipos de APIs.

Diagramando dados com matplotlib

A biblioteca matplotlib fornece uma interface parecida com a do MATLAB para criar apresentações de dados das análises realizadas. Hoje em dia, ela é limitada a exibições 2D, mas ainda oferece meios de expressar graficamente os padrões de dados vistos nos analisados. Sem essa biblioteca, você não poderia criar uma exibição compreensível para pessoas fora da comunidade do data science.

Criando gráficos com NetworkX

Para estudar de forma correta as relações entre os dados complexos em um sistema inter-relacionado (como o usado na configuração do GPS para descobrir rotas nas ruas da cidade), você precisa de uma biblioteca que crie, manipule e estude a estrutura dos dados da rede de diversas maneiras. Além disso, a biblioteca deve fornecer os meios para exibir as análises resultantes de forma compreensível para seres humanos, como dados gráficos. A NetworkX possibilita a realização desse tipo de análise. A vantagem da NetworkX é que ela suporta qualquer tipo de nodo (inclusive imagens), e as bordas podem conter dados aleatórios. Esses recursos lhe permitem realizar uma gama de análises muito maior do que faria com um código personalizado (o que seria muito mais demorado de criar).

Analisando documentos HTML com Beautiful Soup

A biblioteca Beautiful Soup disponibiliza modos de analisar dados HTML ou XML de maneiras que Python consegue entender e possibilita o trabalho com dados baseados em árvores.

NESTE CAPÍTULO

» Obtendo soluções prontas

» Criando uma instalação do Anaconda em Linux, Mac OS e Windows

» Baixando e instalando os conjuntos de dados e exemplos de código

Capítulo 3

Configurando Python para Data Science

Antes de utilizar o Python, ou aplicá-lo a problemas de data science, é preciso instalá-lo. Este capítulo o ensina a configurar o sistema para que acompanhe os exemplos no restante do livro com facilidade.

Distribuições Científicas Prontas

É completamente possível obter uma cópia genérica do Python e adicionar a ela todas as bibliotecas de data science necessárias. O processo é difícil, pois todas elas devem estar nas versões corretas para garantir o sucesso. Além do mais, é preciso configurá-lo de modo adequado para que as bibliotecas sejam acessíveis quando forem necessárias. Felizmente, não precisamos ter esse trabalho, pois há inúmeros produtos de data science para o Python. Eles fornecem tudo o que precisamos para começar projetos de data science.

Obtendo o Anaconda

O pacote básico do Anaconda está disponível para download gratuito em `https://www.anaconda.com/download/` [conteúdo em inglês] (acesse `https://repo.anaconda.com/archive/` [conteúdo em inglês] para obter a versão 5.2.0 usada neste livro se houver uma versão mais nova disponível no site principal). Basta clicar em um dos links da versão 3.6 de Python para ter acesso ao produto gratuito. O nome do arquivo que você quer começa com `Anaconda3-5.2.0-` seguido pela plataforma e versão 32 ou 64 bits, como `Anaconda3-5.2.0-Windows-x86_64.exe` para a versão 64 bits do Windows. O Anaconda suporta as seguintes plataformas:

- » Windows 32 e 64 bits (dependendo da versão do Windows detectada, o instalador oferece apenas uma das duas versões).
- » Linux 32 e 64 bits.
- » Mac OS X 64 bits.

O download padrão instala o Python 3.6, que é a versão usada neste livro. Você também pode escolher instalar o Python 2.7 clicando em um dos links da versão 2.7. Tanto o Windows quanto o Mac OS X oferecem instaladores gráficos. Ao usar Linux, você depende do utilitário `bash`.

Obtendo o Enthought Canopy Express

Enthought Canopy Express é um produto gratuito para produzir aplicações técnicas e científicas usando Python. Ele é encontrado em `https://www.enthought.com/canopy-express/` [conteúdo em inglês]. Na página principal, clique em Download para ver uma lista de versões disponíveis para baixar. Apenas o Canopy Express é gratuito, o Canopy completo deve ser comprado. O Canopy Express suporta as seguintes plataformas:

- Windows 32 e 64 bits.
- Linux 32 e 64 bits.
- Mac OS X 32 e 64 bits.

Obtendo o WinPython

O nome indica que WinPython é um produto apenas para Windows, encontrado em `http://winpython.github.io/` [conteúdo em inglês]. Esse site oferece suporte para o Python 3.5, 3.6 e 3.7, e esse produto é uma melhoria do Python(x,y) e não foi criado apenas para substituí-lo. Bem pelo contrário, o WinPython fornece uma maneira mais flexível de trabalhar com o Python(x,y).

Instalando o Anaconda no Windows

O Anaconda vem com uma aplicação gráfica de instalação para o Windows, o que significa que é feita por meio de um assistente, como qualquer outra instalação. O procedimento a seguir funciona bem em todos os sistemas Windows, ainda que seja a versão 32 ou 64 bits do Anaconda.

1. **Localize a cópia baixada do Anaconda no sistema.**

   O nome desse arquivo varia, mas geralmente aparece como `Anaconda 3-5.2.0-Windows-x86.exe` para sistemas 32 bits e `Anaconda 3-5.2.0-Windows-x86_64.exe` para sistemas 64 bits. O número da versão está incluso no nome do arquivo. Nesse caso, ele se refere à versão 5.2.0, usada neste livro. Se utilizar outra versão, o código-fonte pode ter problemas e precisar de ajustes.

2. **Dê um clique duplo no arquivo de instalação.**

   (Talvez apareça uma caixa de diálogo Open File — Security Warning [Abrir Arquivo — Aviso de Segurança] perguntando se deseja abri-lo. Clique em Run [Executar] se isso acontecer.) A caixa de diálogo do Anaconda 5.2.0 Setup, parecida com a da Figura 3-1, será exibida. A aparência depende da versão do programa de instalação do Anaconda baixado. Se tiver um sistema operacional de 64 bits, é sempre melhor usar a versão de 64 bits do Anaconda para conseguir o melhor desempenho possível. A primeira caixa de diálogo informa a versão.

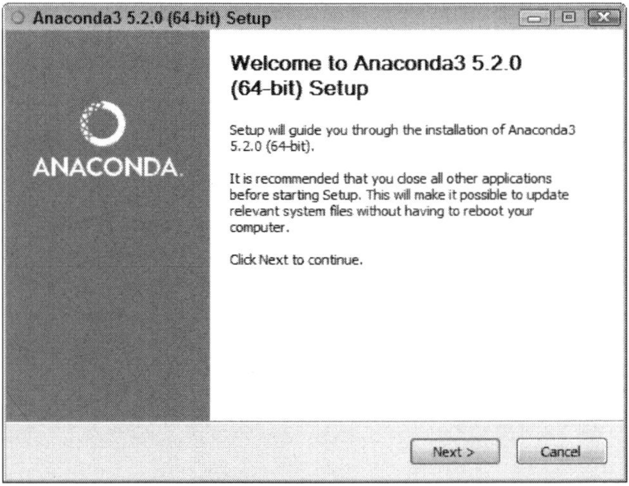

FIGURA 3-1: O processo de instalação começa informando se a versão é a de 64 bits.

3. **Clique em Next [Próximo].**

   O assistente exibe o acordo de licença. Leia-o completamente para ficar ciente dos termos de uso.

4. **Clique em I Agree [Concordo] se concordar com os termos.**

   Como mostrado na Figura 3-2, a caixa de diálogo pergunta qual é o tipo de instalação desejado. Na maioria dos casos, a instalação é somente para você. Mas há a exceção caso várias pessoas usem o sistema e todas precisem acessar o Anaconda.

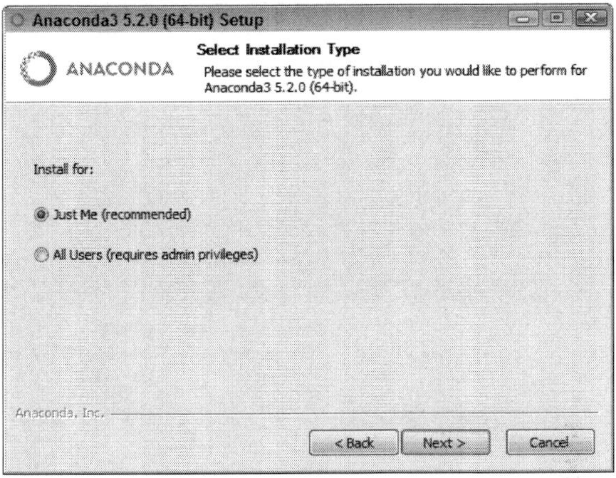

FIGURA 3-2: Diga ao assistente como instalar o Anaconda no sistema.

5. **Escolha um dos tipos de instalação e clique em Next.**

   O assistente pergunta onde instalar o Anaconda, como mostra a Figura 3-3. Supomos que use o local padrão. Se escolher outro, talvez tenha que modificar alguns procedimentos mais adiante no livro.

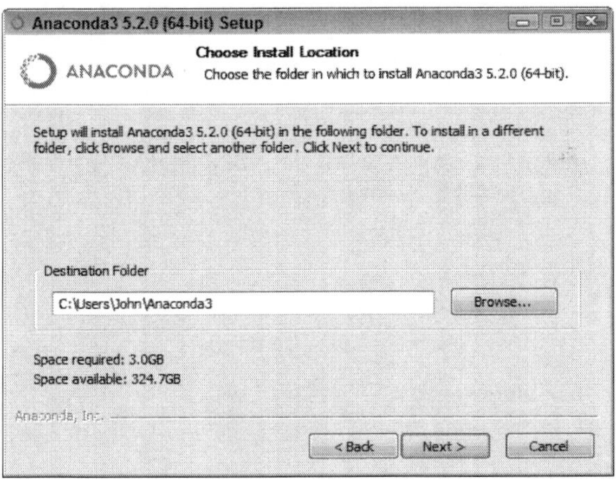

FIGURA 3-3: Especifique um local de instalação.

6. Escolha um local de instalação (se necessário) e clique em Next.

A caixa de diálogo Advanced Installation Options (Opções Avançadas de Instalação), mostrada na Figura 3-4, será exibida. Essas opções têm um padrão de seleção, e não há uma boa razão para mudá-la, na maioria dos casos. Será preciso fazer modificações se o Anaconda não disponibilizar a configuração padrão do Python 3.6. No entanto, supomos que o Anaconda seja configurado usando as opções padrões.

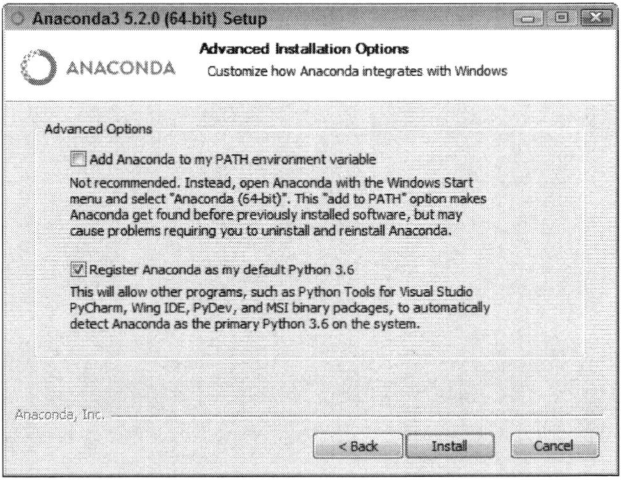

FIGURA 3-4: Configure as opções de instalação avançadas.

7. Mude as opções de instalação avançadas (se necessário) e clique em Install [Instalar].

A caixa de diálogo Installing [Instalando] será exibida, com uma barra de progresso. O processo de instalação leva alguns minutos, então tome um café e leia uma revista por um tempo. Quando a instalação terminar, um botão Next será habilitado.

8. Clique em Next.

O assistente diz que a instalação foi finalizada.

9. **Clique em Next.**

O Anaconda oferece a chance de integrar o suporte Visual Studio ao código. Esse suporte não é necessário para este livro, e adicioná-lo tem o potencial de mudar a maneira de funcionamento das ferramentas Anaconda. A não ser que realmente precise do suporte Visual Studio, mantenha o ambiente do Anaconda limpo.

10. **Clique em Skip [Pular].**

A tela de conclusão será exibida. Ela contém opções para descobrir mais sobre o Anaconda Cloud e obter informações sobre como começar o primeiro projeto Anaconda. Selecionar (ou desabilitar) essas opções dependem do que será feito em seguida; elas não afetam a configuração do Anaconda.

11. **Selecione quaisquer opções requeridas. Clique em Finish [Finalizar].**

O Anaconda está pronto para ser usado.

Instalando o Anaconda no Linux

Use a linha de comando para instalar o Anaconda no Linux — não há opção gráfica de instalação. Antes, baixe o software para Linux no site Anaconda. O procedimento a seguir funciona bem em qualquer sistema Linux, com a versão 32 ou a 64 bits do Anaconda.

1. **Abra uma cópia do Terminal.**

A janela Terminal será exibida.

2. **Mude os diretórios para a cópia baixada do Anaconda no sistema.**

O nome deste arquivo varia, mas geralmente é `Anaconda3-5.2.0-Linux-x86.sh` para sistemas 32 bits, e `Anaconda3-5.2.0-Linux-x86_64.sh` para sistemas 64 bits. O número da versão faz parte do nome do arquivo. Neste caso, o arquivo se refere à versão 5.2.0, que é usada neste livro. Se utilizar alguma outra versão, o código-fonte pode ter problemas e precisar de ajustes.

3. **Digite** bash Anaconda3-5.2.0-Linux-x86 **(para a versão 32 bits) ou** Anaconda3-5.2.0-Linux-x86_64.sh **(para a versão 64 bits) e pressione Enter.**

   Um assistente de instalação é inicializado e pergunta se você aceita os termos de licenciamento para usar o Anaconda.

4. **Leia o acordo de licenciamento e aceite os termos usando o método requerido para a versão do Linux.**

   O assistente pede um local de instalação para o Anaconda. Suponhamos que use o local padrão: ~/anaconda. Se escolher outro, terá de modificar alguns procedimentos posteriores para trabalhar com a configuração.

5. **Forneça o local de instalação (se necessário) e pressione Enter (ou clique em Next).**

   O processo de extração da aplicação será iniciado. Depois que estiver completo, uma mensagem será exibida.

6. **Adicione o caminho da instalação à declaração** `PATH` **usando o método requerido para a versão do Linux.**

   O Anaconda está pronto para ser usado.

Instalando o Anaconda no Mac OS X

A instalação para o Mac OS X tem apenas um formato: 64 bits. Antes de fazer a instalação, baixe uma cópia do software para Mac no site Anaconda. Os passos a seguir o ajudam a instalar o Anaconda 64 bits em um sistema Mac.

1. **Localize a cópia baixada do Anaconda no sistema.**

   O nome deste arquivo varia, mas geralmente é `Anaconda3-5.2.0-MacOSX-x86_64.pkg`. O número da versão faz parte do nome do arquivo. Nesse caso, o arquivo se refere à versão 5.2.0, que é usada neste livro. Se você usar outra, talvez tenha problemas com o código-fonte e precise ajustá-lo.

2. **Dê um clique duplo no arquivo de instalação.**

Uma caixa de diálogo de introdução será exibida.

3. **Clique em Continue [Continuar].**

O assistente pergunta se deseja ver os materiais do Read Me [Leia-me]. Esse material permanecerá disponível. Por ora, pule essas informações.

4. **Clique em Continue.**

O assistente exibe um acordo de licenciamento. Certifique-se de ler o acordo inteiro, para que conheça os termos de uso.

5. **Clique em I Agree [Concordo] se concordar com os termos.**

O assistente pede um destino para a instalação. Esse destino controla se a instalação será para um usuário só ou para um grupo.

CUIDADO

Talvez seja exibida uma mensagem de erro afirmando que o Anaconda não pôde ser instalado. Ela ocorre devido a um bug no instalador e não tem nada a ver com o sistema. Para se livrar dela, escolha a opção Install Only for Me [Instalar Apenas para Mim]. Não é possível instalar o Anaconda para um grupo de usuários em um sistema Mac.

6. **Clique em Continue.**

O instalador exibe uma caixa de diálogo contendo opções para mudar o tipo de instalação. Clique em Change Install Location [Mudar Local de Instalação] caso queira modificar onde o Anaconda será instalado no sistema (supomos que use o caminho padrão: ~/anaconda). Clique em Customize [Personalizar] se quiser modificar o funcionamento do instalador. Por exemplo, você pode escolher não adicionar o Anaconda à declaração `PATH`. Contudo, supomos que tenha escolhido as opções padrões de instalação e que não haja razão para mudá-las, a não ser que tenha outra cópia do Python 2.7 instalada.

7. **Clique em Install [Instalar].**

   A instalação começa. Uma barra de progresso informa como a instalação está sendo feita. Quando terminar, uma caixa de diálogo será exibida.

8. **Clique em Continue.**

   O Anaconda está pronto para ser usado.

Baixando os Conjuntos de Dados e o Código de Exemplo

Este livro aborda o uso do Python para realizar tarefas de data science. É claro que você pode passar todo seu tempo criando o código de exemplo do zero, depurando-o para só então descobrir como ele se relaciona com o data science, ou pode pegar um atalho e baixar o código pré-escrito para ir direto ao trabalho. Da mesma forma, criar conjuntos de dados grandes o bastante para os propósitos do data science demoraria um pouco. Felizmente, há conjuntos de dados padronizados criados com antecedência nos recursos fornecidos em algumas bibliotecas de data science.

Usando o Jupyter Notebook

Para facilitar o trabalho com o código relativamente complexo deste livro, use o Jupyter Notebook. Essa interface facilita a criação de arquivos Python notebook que contêm inúmeros exemplos, e cada um pode ser executado de forma individual. Os programas rodam em seu navegador, então a plataforma utilizada para o desenvolvimento não é importante; desde que tenha um navegador, tudo dará certo.

Inicializando o Jupyter Notebook

A maioria das plataformas contém um ícone para acessar o Jupyter Notebook. Basta clicar nele. Por exemplo, em um sistema Windows, selecione Start⇨All Programs⇨Anaconda3⇨Jupyter Notebook. A Figura 3-5 mostra a interface em um navegador Firefox. Essa aparência depende do navegador usado e do tipo de plataforma instalada.

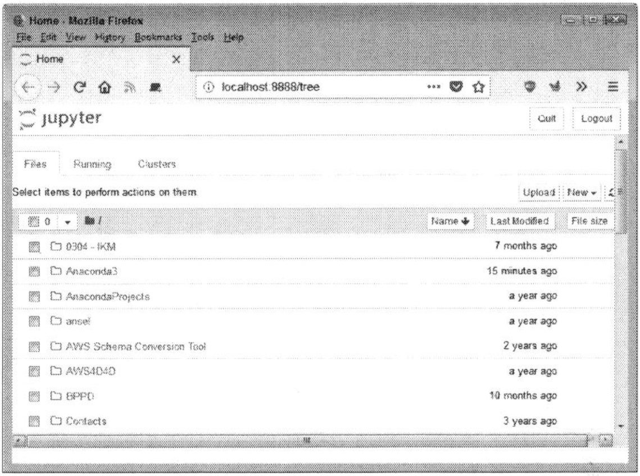

FIGURA 3-5: O Jupyter Notebook é um método fácil para criar exemplos de data science.

Se a plataforma não exibe um ícone para acesso fácil, use os passos a seguir para acessar o Jupyter Notebook:

1. **Abra um Anaconda Prompt, Prompt de Comando ou Janela Terminal no sistema.**

   A janela será aberta para que os comandos sejam digitados.

2. **Mude os diretórios para** `\Anaconda3\Scripts` **em sua máquina.**

   A maioria dos sistemas permite o uso do comando CD para esta tarefa.

3. **Digite ..\python Jupyter-script.py notebook e pressione Enter.**

   A página do Jupyter Notebook será aberta no navegador.

Definindo o repositório do código

O código criado e usado neste livro ficará em um repositório do HD. Pense em um *repositório* como um tipo de armário de arquivamento em que se guarda o código. O Notebook abre uma gaveta, pega a pasta e lhe mostra o código. Você pode modificá-lo, rodar exemplos individuais dentro dele, acrescentar novos exemplos e simplesmente interagir com seu código de maneira natural.

Definindo uma nova pasta

Utilizamos pastas para conter os arquivos de código para um projeto específico. O projeto para este livro é o P4DS4D2. Os passos a seguir lhe ensinam a criar uma pasta para este livro.

1. **Selecione New ⇨ Folder.**

   O Notebook cria uma pasta. O nome varia, mas, para usuários do Windows, é apenas uma pasta sem nome chamada de Untitled Folder. É preciso procurá-la na lista de pastas disponíveis.

2. **Marque a caixa ao lado de Untitled Folder.**
3. **Clique em Rename no topo da página.**

   A caixa de diálogo Rename Directory, mostrada na Figura 3-6, é exibida.

4. **Digite** P4DS4D2 **e pressione Enter.**

   O Notebook renomeia a pasta.

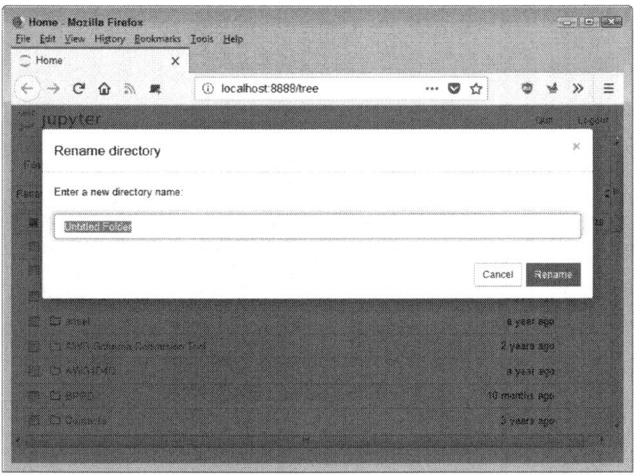

FIGURA 3-6: Crie uma pasta para conter o código do livro.

Criando um notebook

Cada novo notebook é como uma pasta de arquivo. Você pode colocar exemplos individuais dentro dela, como faria com folhas de papel em uma pasta física de arquivo. Cada exemplo aparece em uma célula. É possível incluir várias coisas nessa pasta de arquivo, mas veremos isso no decorrer do livro. Use estes passos para criar um notebook.

1. **Clique em P4DS4D2 na home page.**

   O conteúdo da pasta de projeto para este livro será exibido, em branco, se o exercício for realizado do zero.

2. **Selecione New ⇨ Python 3.**

   Uma nova guia se abrirá no navegador com o novo notebook, como mostra a Figura 3-7. Note que o notebook contém uma célula e que a destacou para que o código seja digitado nela. O título do notebook, por enquanto, é Untitled, o que não é muito útil, então é preciso mudá-lo.

3. **Clique em Untitled na página.**

   O Notebook pergunta se deseja usar um novo nome, como mostra a Figura 3-8.

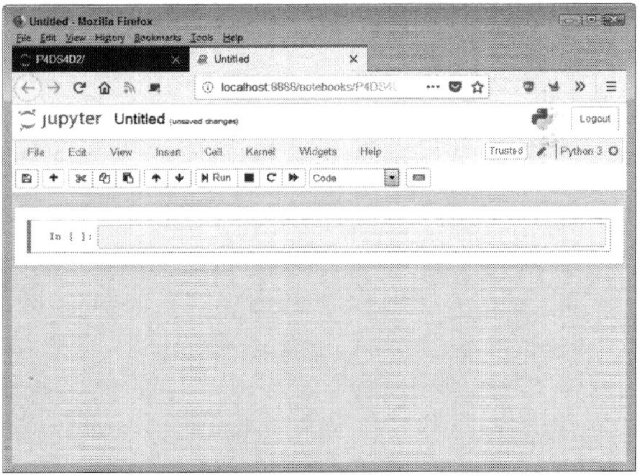

FIGURA 3-7: Um notebook contém células para manter o código.

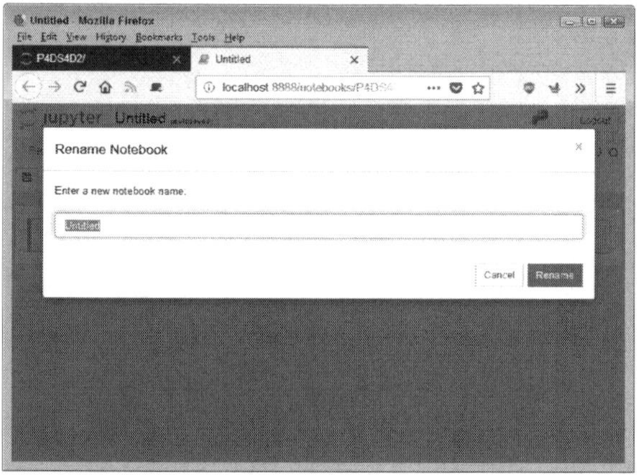

FIGURA 3-8: Nomeie o notebook.

4. **Digite** P4DS4D2_03_Sample **e pressione Enter.**

   O novo nome diz que este é um arquivo P4DS4D2, Capítulo 3, Sample.ipynb. Essa convenção diferencia facilmente um do outro no repositório.

Adicionando conteúdo ao notebook

É claro que o notebook Sample ainda não contém nada. Este livro segue uma convenção para reunir os arquivos de código-fonte a fim de facilitar o uso. Os passos a seguir falam sobre a convenção:

1. **Selecione Markdown da lista flutuante que contém atualmente a palavra *Code.***

   Uma célula Markdown contém texto de documentação. Você pode colocar qualquer coisa em uma célula Markdown, pois o Notebook não a interpreta. Ao utilizar essas células, você poderá documentar com facilidade o que o código significa ao escrevê-lo.

2. **Digite** # Downloading the Datasets and Example Code **e clique em Run (a seta apontando para a direita na barra de ferramentas).**

   A cerquilha (#) cria um título. Uma única # cria um título de primeiro nível. O texto depois disso contém a informação do título. O texto é formatado em um título depois que se clica em Run, como mostra a Figura 3-9. Repare que o Notebook cria automaticamente uma célula.

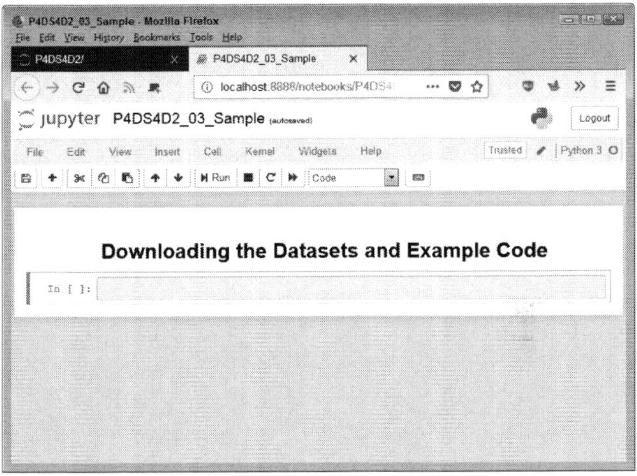

FIGURA 3-9: Crie títulos para documentar o código.

3. **Selecione Markdown, digite** ## Defining the code repository **e clique em Run.**

   O Notebook cria um título de segundo nível, que parece menor do que o de primeiro nível.

4. **Selecione Markdown, digite** ### Adding notebook content **e clique em Run.**

   O Notebook cria um título de terceiro nível. Os títulos agora têm uma hierarquia. Como sempre, o Notebook cria uma célula, e o tipo muda de forma automática para Code, então agora estamos prontos para digitar código para este exemplo.

5. **Digite** print('Python is really cool!') **e clique em Run.**

   Note que o código é codificado por cores, para destacar a diferença entre uma função (`print`) e os dados a ela associados (`'Python is` really cool!'). A saída está na Figura 3-10. Ela faz parte da mesma célula que o código, mas o Notebook separa visualmente a saída do código para os diferenciar. E depois cria uma célula de forma automática.

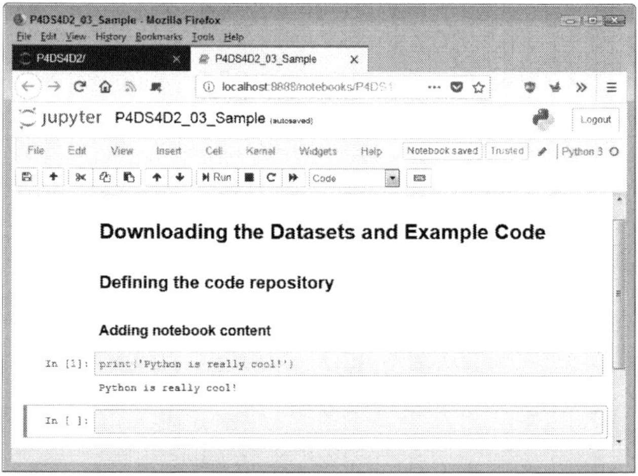

FIGURA 3-10: O Notebook usa células para armazenar o código.

Quando terminar de trabalhar com um notebook, é importante fechá-lo. Para isso, selecione File⇨Close and Halt. A página P4DS4D2 retorna, com o notebook recém-criado na lista, como mostra a Figura 3-11.

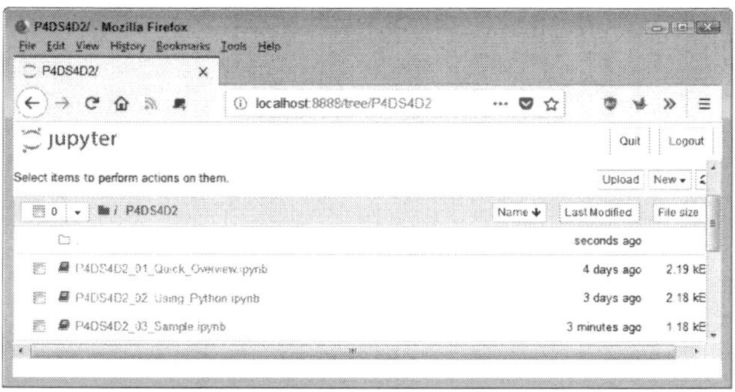

FIGURA 3-11: Qualquer notebook criado aparece na lista do repositório.

NESTE CAPÍTULO

» Acessando o Google Colab

» Realizando tarefas essenciais e outras informações

Capítulo 4

Trabalhando com o Google Colab

O Colaboratory, ou Colab, para abreviar, é um serviço do Google que replica na nuvem o Jupyter Notebook. Não é preciso instalar nada no sistema para usá-lo. Na maioria dos aspectos, o Colab é utilizado como uma instalação do Jupyter Notebook (também chamado apenas de Notebook ao longo do livro) no computador. Este livro inclui este capítulo principalmente para aqueles leitores que usam algo diferente de um computador padrão para trabalhar com os exemplos.

LEMBRE-SE

Como você pode não usar as mesmas versões dos produtos que aparecem neste livro, o código-fonte de exemplo talvez não funcione exatamente como descrito ao utilizar o Colab. Além disso, as saídas podem não ser exibidas como neste livro, por causa das diferenças de hardware entre as plataformas.

Entendendo o Google Colab

O Colab realiza muitas tarefas, mas neste livro vamos utilizá-lo para escrever e executar código, criar a documentação associada e exibir gráficos, assim como faríamos com o Notebook.

O Notebook é uma aplicação localizada, pois utilizamos recursos locais nele. Outros recursos são compatíveis, mas isso se mostraria inconveniente ou impraticável em alguns casos. Na verdade, alguns recursos nem funcionarão. O Colab possibilita uma interação total com os arquivos Notebook usando o GitHub como repositório. Ele também suporta várias opções de armazenamento online, então considere o Colab como um parceiro online para criar código Python.

O Colab também é compatível com dispositivos alternativos. Durante o processo de escrita, parte do código de exemplo foi testado em um tablet com Android (um ASUS ZenPad 3S 10). Esse tablet tem o Chrome instalado e executa o código bem o suficiente para seguir os exemplos. Com todas essas informações, escrever código usando um tablet desse tamanho não parece conveniente — o texto é pequeno demais, para começar, e a falta de um teclado também é um problema. O ponto é que, para testar o código, não é imprescindível ter um sistema Windows, Linux ou OS X, mas as alternativas nem sempre têm o desempenho esperado.

LEMBRE-SE

O Google Colab geralmente não funciona com navegadores diferentes do Chrome e do Firefox.

Criando uma Conta do Google

Antes de realizar qualquer tarefa significativa usando o Colab, é preciso ter uma conta do Google. Para isso, acesse `https://account.google.com/` e clique no link Criar uma conta do Google. O processo de criação da conta tem várias páginas. Basta fornecer as informações requisitadas em cada página e clicar em Próxima.

Fazendo login

Depois de criar e verificar sua conta, faça login. Antes de usar o Colab, entre na conta. Isso porque o Colab depende do Google Drive para certas tarefas. Você também pode armazenar os notebooks em outros lugares, como o GitHub, mas a conta do Google garante que tudo funcione como o planejado. Para fazer login, acesse `https://accounts.google.com/`, forneça seu e-mail e senha, e clique em Próxima.

Trabalhando com Notebooks

Como acontece com o Jupyter Notebook, o notebook forma a base das interações com o Colab. Na verdade, o Colab é baseado nos notebooks, como já foi mencionado. Ao colocar o mouse em certas partes da página de boas-vindas em `https://colab.research.google.com/notebooks/welcome.ipynb` [conteúdo em inglês], são exibidas oportunidades para interagir com a página adicionando-se entradas de código ou texto (que, quando necessário, servem como notas). Essas entradas são ativas, portanto, interativas, e também é possível mover células e copiar o material resultante para o Google Drive. É claro que a interação com a página de boas-vindas é inesperada e divertida, mas o objetivo real deste capítulo é demonstrar como interagir com os notebooks do Colab.

Criando um notebook

Para criar um notebook, selecione File➪New Python 3 Notebook. Um novo notebook Python 3 será exibido. Ele se parece, mas não é idêntico, aos encontrados no Notebook. Contudo, tem as mesmas funcionalidades. Você também pode criar um notebook Python 2 se quiser, mas este livro não trabalha com o Python 2.

Abrindo notebooks

Podemos abrir notebooks existentes no armazenamento local, no Google Drive ou no GitHub. Também podemos abrir qualquer exemplo do Colab ou fazer upload de arquivos de fontes acessíveis, como um drive de rede no sistema. Em todos os casos, comece selecionando File➪Open Notebook. A caixa de diálogo mostrada na Figura 4-4 será exibida.

A visualização padrão mostra todos os arquivos abertos há pouco tempo, independentemente da localização. Eles aparecem em ordem alfabética. Podemos filtrar o número de itens exibidos digitando uma string no campo Filter Notebooks. No topo há outras opções para abrir notebooks.

DICA

Mesmo que não esteja logado, os exemplos de projetos do Colab ficam acessíveis. Esses projetos o ajudam a entender o Colab, mas não permitem que faça nada com os próprios projetos. Mesmo assim, ainda é possível experimentar o Colab sem fazer login no Google.

Usando o Google Drive para notebooks existentes

O Google Drive é uma localização padrão para muitas operações no Colab, e sempre é possível escolhê-lo como destino. Ao trabalhar com o Drive, vemos uma lista de arquivos. Para abrir um arquivo específico, clique no link na caixa de diálogo. O arquivo se abre na guia atual do navegador.

Salvando notebooks

O Colab oferece várias opções significativas para salvar o notebook, mas nenhuma delas funciona com o drive local. Depois de fazer o upload do drive local para o Google Drive ou o GitHub, o Colab gerencia o conteúdo na nuvem. Para salvar as atualizações no drive local, baixe o arquivo.

Usando o Drive para salvar notebooks

O local padrão para armazenar os dados é o Google Drive. Ao selecionar File⇨Save, o conteúdo criado vai para o diretório raiz do Google Drive. Se quiser salvar o conteúdo em uma pasta diferente, é preciso selecioná-lo no Google Drive (`https://drive.google.com/`).

LEMBRE-SE

O Colab acompanha as versões do projeto à medida que são salvas, mas também as remove com o passar do tempo. Para salvar uma versão que não ficará ultrapassada, use o comando File⇨Save and Pin Revision. Para ver as revisões do projeto, selecione File⇨Revision History. A saída, mostrada na Figura 4-1, será exibida. Note que a primeira entrada está fixada (pinned). As entradas podem ser fixadas verificando-as na lista do histórico (History). O histórico de revisão também mostra a data de modificação, quem fez a revisão e o tamanho do arquivo resultante. Essa lista é útil para restaurar uma revisão anterior ou baixá-la para o drive local.

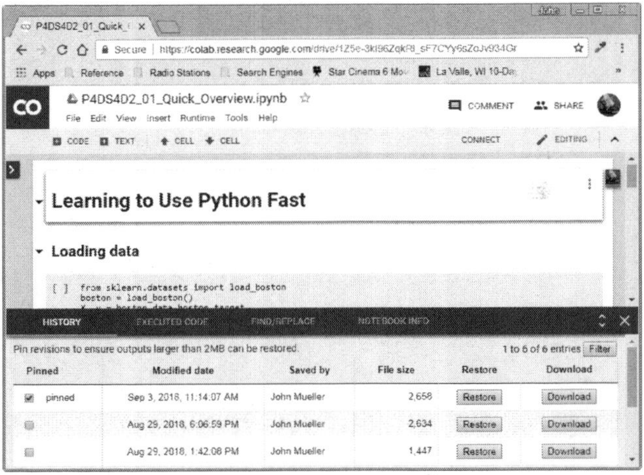

FIGURA 4-1: O Colab mantém um histórico das revisões do projeto.

Baixando notebooks

O Colab suporta dois métodos para baixar notebooks para o drive local: arquivos `.ipynb` (usando File⇨Download .ipynb) e arquivos `.py` (usando File⇨Download .py). Em ambos os casos, o arquivo aparece no diretório de download padrão do navegador. O Colab não permite baixar os arquivos para um diretório específico.

Realizando Tarefas Comuns

A maior parte das tarefas funciona de modo similar no Colab e no Notebook. Por exemplo, a criação de células de código é igual. As células Markdown têm três formas: texto, título e sumário. Elas funcionam um pouco diferente das Markdown do Notebook, mas a ideia é a mesma. Também podemos editar e mover células como no Notebook. Uma diferença importante é que o tipo de uma célula não é alterável. Se for criada como título, não pode ser transformada em célula de código.

Criando células de código

A primeira célula criada pelo Colab é uma célula de código. O código criado usa todos os mesmos recursos encontrados no Notebook, mas ao lado da célula há um menu de extras que podem ser usados com o Colab, e não existem no Notebook, como mostra a Figura 4-2.

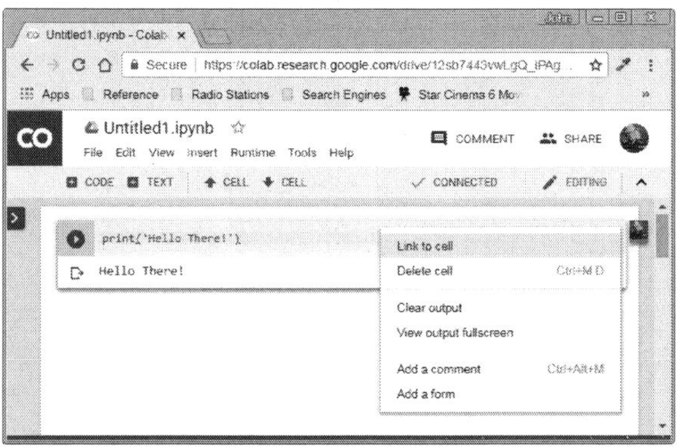

FIGURA 4-2: As células de código do Colab contêm extras inexistentes no Notebook.

As células de código também falam sobre o código e sua execução. Um pequeno ícone ao lado da saída exibe informações sobre a execução ao passarmos o mouse sobre ele, como mostra a Figura 4-3. Clicar no ícone exclui a saída. Rode o código novamente para gerar a saída outra vez.

Criando células de texto

As células de texto funcionam como células Markup no Notebook. Contudo, a Figura 4-4 mostra que recebemos ajuda adicional para formatar o texto usando uma interface gráfica. O markup é o mesmo, mas há a opção de permitir que a GUI o ajude a criar o markup. Por exemplo, neste caso, para criar o símbolo # para um título, clicamos no ícone de T duplo que aparece em primeiro lugar na lista. Clicar nesse ícone aumentaria de novo o nível do título. À direita, vemos como o texto aparecerá no notebook.

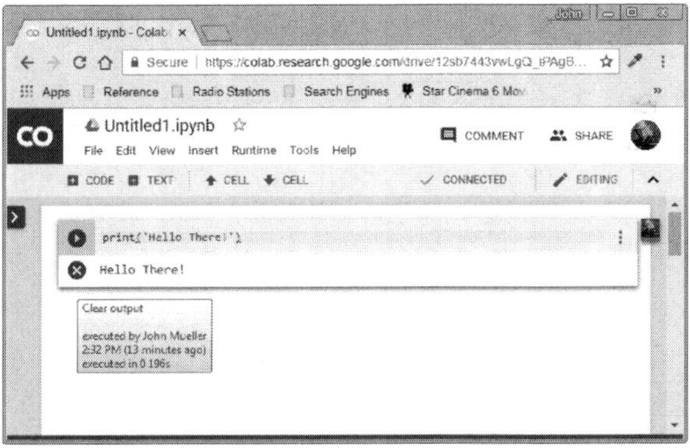

FIGURA 4-3: As células de código do Colab contêm extras inexistentes no Notebook.

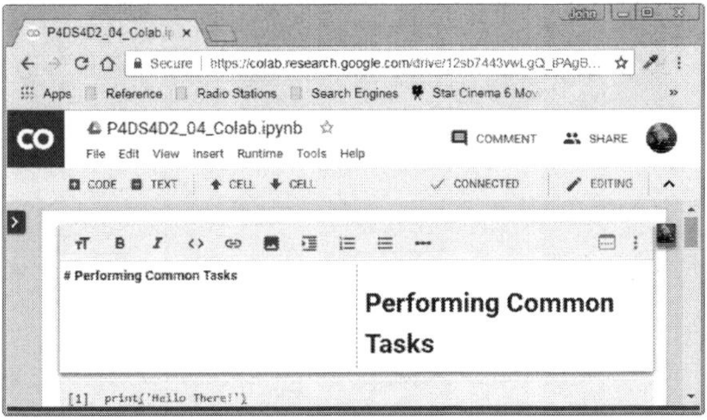

FIGURA 4-4: Use a GUI para facilitar a formatação do texto.

Observe o menu à direita da célula de texto. Ele contém muitas opções iguais às das células de código. Por exemplo, podemos criar uma lista de links para facilitar às pessoas o acesso a partes específicas do notebook por meio de um índice. Diferentemente do Notebook, não podemos executar células de texto para resolver o markup contido nelas.

Criando células especiais

As células especiais fornecidas pelo Colab são variações de células de texto. Elas são acessadas pela opção Insert do menu e aceleram a criação das células exigidas.

Trabalhando com títulos

Ao escolher Insert⇨Section Header Cell, uma célula é criada, abaixo da célula atualmente selecionada com a entrada de título de nível 1 adequado. Aumente o nível do título clicando no ícone de T duplo. A GUI é igual à mostrada na Figura 4-4, portanto, todos os recursos padrões de formatação para o texto estão disponíveis.

Trabalhando com sumários

Um recurso interessante acrescentado ao Colab é a geração automática de um sumário para o notebook. Para utilizá-lo, selecione Insert⇨Table of Contents Cell. A Figura 4-5 mostra a saída desse exemplo.

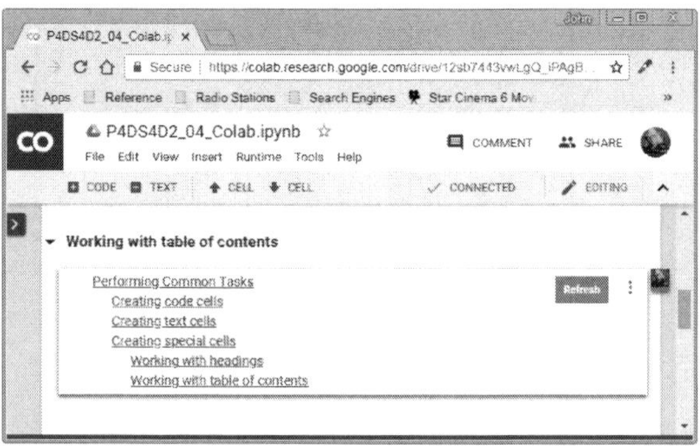

FIGURA 4-5: As informações ficam acessíveis ao se adicionar um sumário ao notebook.

A célula Table of Contents contém um título modificável, da mesma forma que se faz com qualquer outro título no notebook. O sumário aparece na saída da célula. Para atualizá-lo, clique em Refresh, à direita da saída. Ao trabalhar com uma célula Table of Contents, todos os recursos normais de célula de texto estão disponíveis.

Editando células

Tanto o Colab quanto o Notebook têm menus de edição (Edit) que contêm opções como cortar, copiar e colar células. Os dois produtos têm algumas diferenças interessantes. Por exemplo, o Notebook possibilita dividir e combinar células. O Colab contém uma opção de alternância para exibir ou esconder código. Essas diferenças tornam cada produto característico, mas não influenciam seu uso para criar e modificar código Python.

Movendo células

A mesma técnica usada para mover células no Notebook também funciona com o Colab. A única diferença é que o Colab depende exclusivamente de botões da barra de ferramentas, enquanto o Notebook também tem opções de movimento de células no menu de edição.

Executando o Código

Para que o código seja útil, é preciso rodá-lo. Quando a seta apontada para a direita que aparece na célula atual é clicada, ela roda apenas a célula. É claro que há outras opções além de clicar nessa seta, e todas aparecem no menu Runtime. A lista a seguir resume as opções:

- **Rodar a célula atual:** Além de clicar na seta apontada para a direita, selecione Runtime ⇨ Run the Focused Cell para executar o código da célula atual.
- **Rodar outras células:** O Colab fornece opções no menu Runtime para executar o código na célula seguinte, na anterior ou em uma seleção de células. Basta escolher a opção correspondente à célula ou conjunto delas que deseja executar.

» **Rodar todas as células:** Em alguns casos, é preciso executar todo o código de um notebook. Basta selecionar Runtime ➪ Run All. A execução começa no início do notebook, na primeira célula que contém código, e continua até a última célula que contém código do notebook. A execução é interrompida a qualquer momento selecionando-se Runtime ➪ Interrupt Execution.

DICA

Selecionar Runtime ➪ Manage Sessions exibe uma caixa de diálogo contendo uma lista de todas as sessões que estão em execução em sua conta do Colab. Use essa caixa de diálogo para saber quando o código do notebook foi executado pela última vez e quanta memória ele consome. Clique em Terminate para finalizar a execução de um notebook específico. Clique em Close para fechar a caixa de diálogo e retornar ao notebook atual.

2

Colocando a Mão na Massa

NESTA PARTE...

Considere as ferramentas disponibilizadas pelo Jupyter Notebook.

Acesse e interaja com dados de várias fontes.

Realize o condicionamento essencial de dados.

Execute a modelagem de dados.

Desenvolva uma solução geral de dados.

NESTE CAPÍTULO

» Trabalhando com o console Jupyter

» Trabalhando com o Jupyter Notebook

Capítulo 5

Compreendendo as Ferramentas

Até agora, passamos muito tempo trabalhando com Python para realizar tarefas de data science sem realmente usar as ferramentas fornecidas pelo Anaconda. Sim, muito do que fazemos envolve digitar código e ver o que acontece, mas se não soubermos como usar bem as ferramentas, perderemos oportunidades de realizar as tarefas com mais facilidade e rapidez. A automação é uma parte essencial da realização de tarefas de data science em Python.

Usando o Console Jupyter

É no console Python (acessível pelo Anaconda Prompt) que se utiliza data science de modo interativo. Você pode testar coisas e ver os resultados de imediato. Se cometer um erro, é só fechar o console e criar outro. Ele serve para brincar e considerar as possibilidades.

Interagindo com o texto na tela

Quando o console IPython é iniciado, digitando-se **ipython** no Anaconda Prompt e pressionando-se Enter, abre-se uma tela. A primeira linha informa a versão do Python e do Anaconda. Abaixo há três termos de ajuda (copyright, credits e license). Digite-os para obter mais informações sobre a versão dos produtos. Ao digitar **credits** e pressionar Enter, é mostrada uma listagem dos contribuidores dessa versão do produto.

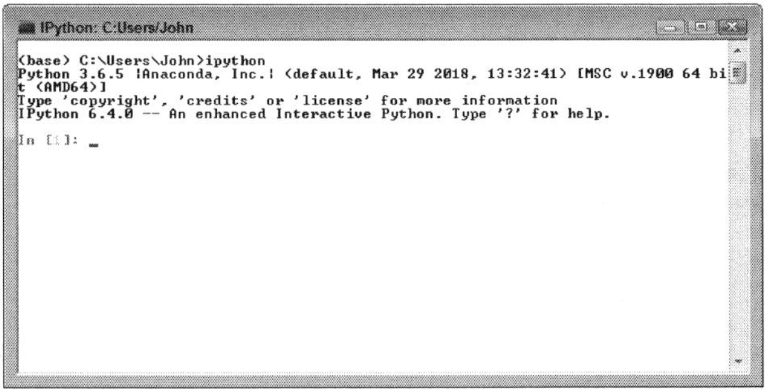

FIGURA 5-1: A tela de abertura fornece informações sobre onde conseguir mais ajuda.

Observe a linha que fala sobre ajuda aprimorada (enhanced help). Se digitar **?** e pressionar Enter, verá cinco comandos, utilizados para as seguintes tarefas:

- `?`: Usar o Jupyter para realizar trabalho útil.
- `object?`: Descobrir fatos sobre pacotes, objetos e métodos usados em Python para interagir com os dados.
- `object??`: Obter informações por escrito sobre pacotes, objetos e métodos (geralmente muitas páginas difíceis de ler).
- `%quickref`: Obter informações sobre as funções mágicas que o Jupyter disponibiliza.
- `help`: Aprender sobre a linguagem de programação Python (help e ? não são iguais — o primeiro é para o Python, e o segundo, para os recursos do IPython).

Dependendo do sistema operacional, clicar com o botão direito na janela do Anaconda Prompt exibe um menu de contexto com opções para trabalhar com o texto na janela. A Figura 5-2 mostra o menu de contexto no Windows. Ele é importante, pois permite interagir com o texto e copiar os resultados da experimentação de forma permanente.

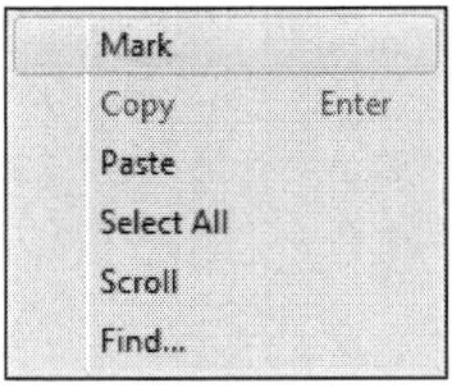

FIGURA 5-2: Corte, copie e cole texto usando este menu de contexto.

O acesso ao mesmo menu de opções é obtido com a seleção do menu System (clique no ícone no canto superior esquerdo da janela) e selecione o menu Edit. As opções geralmente são as seguintes:

- **Mark:** Seleciona o texto específico que deseja copiar.
- **Copy:** Coloca o texto selecionado na área de transferência (ou pressione Enter depois de marcar o texto, para copiá-lo).
- **Paste:** Move o texto da área de transferência para a janela. Infelizmente, este comando não funciona bem no console IPython para copiar várias linhas de texto. Use a função mágica `%paste` para isso.
- **Select All:** Marca todo o texto visível na janela.
- **Scroll:** Possibilita rolar a tela ao usar as setas do teclado. Pressione Enter para interromper a rolagem.
- **Find:** Exibe uma caixa de diálogo Find para localizar texto em qualquer parte do buffer da tela. É um comando muito útil, pois serve para localizar texto inserido anteriormente se quisermos reutilizá-lo de alguma forma.

DICA

Um recurso fornecido pelo console IPython, e inexistente no console Python padrão, é `cls`, ou clear screen (limpar a tela). Para limpar a tela e facilitar a digitação de novos comandos, apenas digite **cls** e pressione Enter.

Usando funções mágicas

Por incrível que pareça, seu computador faz mágica! O Jupyter fornece um recurso especial chamado de funções mágicas, que possibilita a realização de tarefas incríveis com o console Jupyter. Algumas delas serão usadas posteriormente no livro, e vale a pena reservar um tempo para conferi-las.

Obtendo a lista de funções mágicas

A melhor maneira de começar a trabalhar com funções mágicas é obter uma lista delas digitando **%quickref** e pressionando Enter. Uma tela de ajuda, parecida com a mostrada na Figura 5-3, será exibida. A listagem é um pouco difícil de visualizar, então certifique-se de ler com calma.

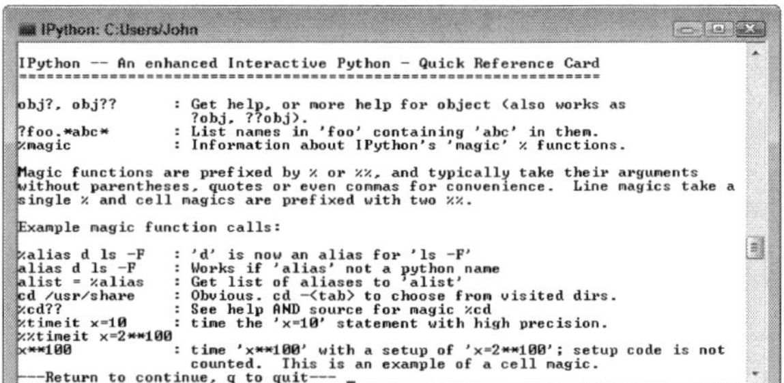

FIGURA 5-3: Leia a ajuda das funções mágicas com calma. Há bastante informação.

Trabalhando com funções mágicas

A maioria das funções mágicas começa com um ou dois sinais de porcentagem (% ou %%). As que têm um único sinal funcionam no nível da linha de comando, enquanto as que têm dois, no da célula. Geralmente usamos funções mágicas com um único sinal de porcentagem no console IPython.

LEMBRE-SE

A maioria das funções mágicas exibe informações de status quando as utilizamos sozinhas. Por exemplo, ao digitar **%cd** e pressionar Enter, o diretório atual aparecerá. Para mudar de diretórios, digite `%cd` mais a localização do novo diretório no sistema. Há algumas exceções para essa regra. Por exemplo, `%cls` limpa a tela quando usada sozinha, pois não recebe nenhum parâmetro.

Uma das funções mágicas mais interessantes é `%colors`. Ela muda as cores usadas para exibir informações na tela, o que é útil quando se usam vários dispositivos. As opções disponíveis são `NoColor` (tudo em preto e branco), `Linux` (a configuração padrão) e `LightBG` (que usa um esquema de cores azul e verde). Essa função específica é outra exceção à regra. Digitar apenas `%colors` não exibe o esquema de cores atual, mas sim uma mensagem de erro.

Descobrindo objetos

O Python é centrado em objetos. Na verdade, não se faz nada com o Python sem trabalhar com algum tipo de objeto. Com isso em mente, é uma boa ideia saber como descobrir com exatidão qual é o objeto em questão e quais recursos disponibiliza.

Obtendo ajuda sobre objetos

Com o IPython, você pode pedir informações sobre objetos específicos usando o nome do objeto e um ponto de interrogação (?). Por exemplo, se quiser saber mais sobre um objeto `list` chamado `mylist`, basta digitar **mylist?** e pressionar Enter. A saída exibirá o tipo `mylist`, o conteúdo em forma de string, o comprimento e um documento string, fornecendo uma visão geral rápida de `mylist`.

Quando precisar de ajuda detalhada sobre `mylist`, digite **help(mylist)** e pressione Enter. É exibida a mesma ajuda de quando se pede informações sobre `list` de Python. No entanto, as informações são específicas do objeto sobre o qual pediu ajuda. Não é preciso descobrir o tipo do objeto e, então, requisitar suas informações.

Obtendo as especificidades do objeto

A função `dir()` é muito menosprezada, mas é um modo essencial de aprender sobre as especificidades do objeto. Para ver uma lista de propriedades e métodos associados a qualquer objeto, use `dir(<object name>)`. Por exemplo, se criar uma lista chamada `mylist` e quiser saber o que fazer com ela, digite **dir(mylist)** e pressione Enter. O console IPython exibe uma lista de métodos e propriedades específicos de `mylist`.

Usando a ajuda de objeto IPython

O Python inclui um nível de ajuda sobre seus objetos — e o IPython, outro. Quando quiser saber mais a respeito do que Python lhe disser sobre um objeto, use o ponto de interrogação com ele. Por exemplo, ao trabalhar com um `list` chamado `mylist`, digite **mylist?** e pressione Enter para descobrir o tipo do objeto, seu conteúdo, comprimento e `docstring` associado. O `docstring` confere uma breve visão geral das informações de uso para o tipo — o bastante para completar as lacunas das informações sobre o objeto.

Usar um único ponto de interrogação faz o IPython cortar conteúdos longos. Se quiser obter o conteúdo total de qualquer objeto, use dois pontos de interrogação (??). Por exemplo digite **mylist??** e pressione Enter para ver qualquer detalhe excluído, se houver. Sempre que possível, o IPython fornece o código-fonte completo do objeto (supondo que esteja disponível).

As funções mágicas também são aplicáveis aos objetos. Elas simplificam a saída da ajuda e fornecem apenas as informações necessárias, como aqui:

- `%pdoc`: Exibe o `docstring` do objeto.
- `%pdef`: Mostra como chamar o objeto (supondo que seja chamável).
- `%source`: Exibe o código-fonte do objeto (supondo que esteja disponível).

» `%file`: Exibe o nome do arquivo que contém o código-fonte do objeto.

» `%pinfo`: Exibe informações detalhadas sobre o objeto (geralmente mais do que o fornecido apenas pela ajuda).

» `%pinfo2`: Exibe informações extras detalhadas sobre o objeto (quando disponível).

Usando o Jupyter Notebook

Geralmente usamos o console IPython para brincar com o código, e nada mais. É claro que ele funciona bem para esse objetivo, mas o IDE Jupyter Notebook, outra parte do conjunto de ferramentas Anaconda, faz mais por você.

Trabalhando com estilos

Aqui está o motivo de o Notebook ser melhor do que praticamente qualquer outro IDE: ele cria uma saída bonita. Em vez de ter uma tela cheia de código normal, use o Notebook para criar seções e adicionar estilos para que a saída fique bem formatada. Você acaba com um relatório bonito que contém um código executável. O aprimoramento dessa saída se deve ao uso de estilos.

O código digitado no Notebook fica em uma célula. Cada seção do código criado vai para uma célula separada. Quando precisar criar uma célula, basta clicar em Insert Cell Below (o botão com um sinal de mais) na barra de ferramentas. Da mesma forma, quando decidir que não precisa mais de uma célula, é só selecioná-la e clicar em Cut Cell (o botão com a tesoura) para colocar a célula deletada na área de transferência, ou selecionar Edit⇨Delete Cell para removê-la completamente.

O estilo padrão para uma célula é Code. Entretanto, ao clicar na seta para baixo ao lado da entrada Code, uma listagem de estilos é exibida, como mostra a Figura 5-4.

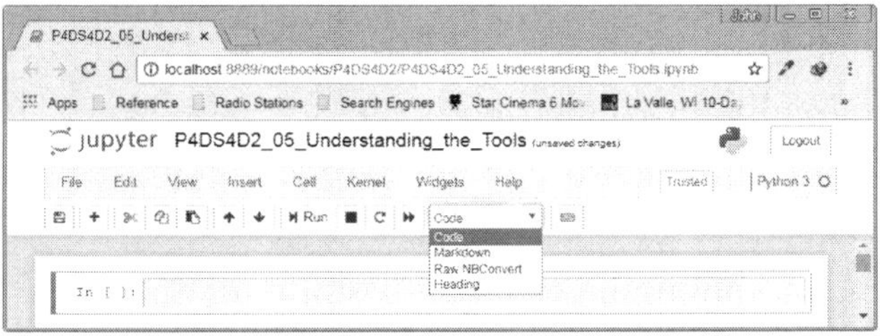

FIGURA 5-4: O Notebook facilita a adição de estilos ao trabalho.

Os vários estilos mostrados o ajudam a formatar o conteúdo de diversas formas. O estilo Markdown é definitivamente usado para separar várias entradas. Tente você mesmo: selecione Markdown da lista suspensa, digite o título para essa seção principal do capítulo, **# Usando o Jupyter Notebook**, na primeira célula, e em seguida clique em Run. O conteúdo muda para um título. A cerquilha única (#) informa ao Notebook que esse é um título de primeiro nível. Note que clicar em Run adiciona uma nova célula automaticamente e coloca o cursor nela. Para acrescentar um título de segundo nível, selecione Markdown na lista suspensa, digite **## Trabalhando com estilos** e clique em Run. A Figura 5-5 mostra que as duas entradas são realmente títulos e que a segunda é menor do que a primeira.

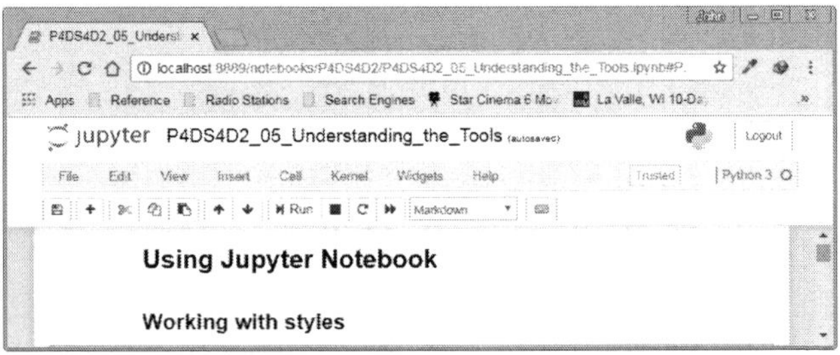

FIGURA 5-5: Adicionar títulos facilita a separação do conteúdo nos notebooks.

O estilo Markdown também permite a adição de conteúdo HTML, que contém qualquer informação presente em uma página web em relação a tags HTML padrões. Outro modo de criar um título de primeiro nível é definir o tipo de célula como Markdown, digitar **<h1>Usando o Jupyter Notebook</h1>** e clicar em Run. Em geral, usamos o HTML para fornecer documentação e links para material externo. Depender de tags HTML possibilita incluir listas ou até imagens. Resumindo: você pode realmente incluir um fragmento de um documento HTML como parte do notebook, o que torna o Notebook mais do que um simples meio de escrever código.

O uso da opção de formatação Raw NBConvert está fora do escopo deste livro. No entanto, ela fornece os meios para incluir informações que não devem ser modificadas pelo conversor de notebook (NBConvert). É possível exibir notebooks em muitos formatos, e o NBConvert realiza essa tarefa para você. O objetivo do estilo Raw NBConvert é possibilitar a inclusão de conteúdo especial, como o Lamport TeX (LaTeX). O sistema de documento LaTeX não é ligado a um editor específico — ele é simplesmente um meio de codificar documentos científicos.

Reiniciando o kernel

Sempre que realiza uma tarefa no notebook, você cria variáveis, importa módulos e faz uma enorme variedade de outras tarefas que corrompem o ambiente. A certa altura, não conseguirá ter certeza de se algo está funcionando como deveria. Para superar esse problema, clique em Restart Kernel (o botão com um círculo aberto com uma seta em uma extremidade) depois de salvar o documento clicando em Save and Checkpoint (o símbolo de disquete). Então rode o código de novo para garantir que funciona como o esperado.

Às vezes, um erro trava o kernel. O documento começa a agir de modo estranho, tem atualização lenta ou mostra outros sinais de que foi corrompido. Novamente, reinicie o kernel para ter um ambiente limpo e ele rodar como deve.

Restaurando um checkpoint

A certa altura, um erro pode ser descoberto. É perceptível que o Notebook não tem um botão Undo (Desfazer): você não consegue encontrá-lo. Em vez disso, criamos checkpoints sempre que finalizamos uma tarefa. A criação de checkpoints quando o documento está estável e funcionando adequadamente ajuda na recuperação rápida quando cometemos erros.

CUIDADO

Para restaurar as configurações para a condição contida em um checkpoint, selecione File⇨Revert to Checkpoint. A lista dos checkpoints disponíveis se abrirá. Basta selecionar o que deseja usar. Ao selecioná-lo, uma mensagem de aviso será exibida, como a mostrada na Figura 5-6. Quando clicar em Revert, qualquer informação anterior se perderá, e a informação do checkpoint será a informação atual.

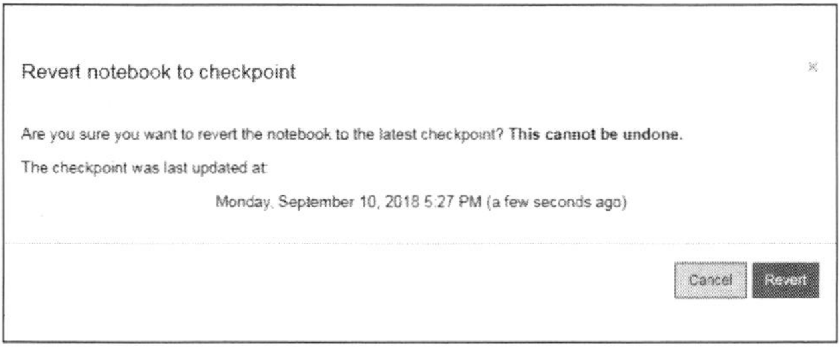

FIGURA 5-6: Reverta para uma configuração anterior do notebook para desfazer um erro.

NESTE CAPÍTULO

» Manipulando fluxos de dados

» Trabalhando com arquivos flat e bancos de dados relacionais

» Usando NoSQL como fonte de dados

Capítulo 6

Trabalhando com Dados Reais

Por definição, as aplicações de data science requerem dados. Seria ótimo se pudéssemos simplesmente ir a uma loja, comprar os dados necessários em um pacote com sistema "abre fácil" e, então, escrever uma aplicação para acessá-los. Mas os dados são uma bagunça. Aparecem em todos os tipos de lugares, têm diversos formatos e podem ser interpretados de várias formas. Cada organização tem um método diferente de visualizar dados e também os armazena de modos variados. Mesmo quando o sistema de gestão de dados usado por uma empresa é o mesmo de outra, há pouca probabilidade de que os dados tenham o mesmo formato ou até de que sejam os mesmos. Resumindo: antes que qualquer tipo de data science funcione, descubra como acessar os dados em todas suas formas variadas. Dados reais requerem muito trabalho para usar, e, felizmente, o Python está pronto para o trabalho de manipulação quando necessário.

Este capítulo explica as técnicas necessárias para acessar dados de diversas formas e localizações. Por exemplo, os fluxos de memória representam uma forma de armazenamento de dados que o computador suporta nativamente; existem arquivos flat no disco rígido; em geral, os bancos de dados relacionais aparecem em sistemas remotos, em rede (embora os menores, como os encontrados no Access, também apareçam no disco rígido); e dados baseados na web quase sempre aparecem na internet. As formas de armazenamento de dados não ficam todas disponíveis (como os de sistemas de ponto de vendas, ou PDV). É possível que um livro inteiro sobre o assunto não seja o suficiente para tratar sobre o tópico de formatos de dados de forma detalhada. Entretanto, as técnicas deste capítulo demonstram como acessar os dados nos formatos comumente encontrados ao trabalhar com dados reais.

DICA

A biblioteca Scikit-learn inclui vários conjuntos de dados de *brinquedo* (pequenos conjuntos de dados destinados a serem experimentados). Esses conjuntos de dados são complexos o bastante para realizar várias tarefas, como experimentar Python para tarefas de data science. Como esses dados estão disponíveis de imediato, e fazer exemplos complicados demais é uma ideia ruim, este livro depende deles como entrada para muitos dos exemplos. Mesmo usando esses conjuntos de dados de brinquedo para reduzir a complexidade e deixar os exemplos mais claros, as técnicas demonstradas no livro funcionam igualmente bem em dados reais acessados por meio das técnicas demonstradas neste capítulo.

Fazendo Upload, Streaming e Amostragem de Dados

Armazenar dados na memória local do computador é o meio mais rápido e confiável de acessá-los. Eles podem ficar em qualquer lugar, mas não é preciso interagir com eles no local de armazenamento. Carregue-os para a memória a partir do local de armazenamento e, então, interaja com eles na memória. Essa é a técnica usada neste livro para acessar todos os conjuntos de dados brinquedo da biblioteca Scikit-learn, então você a verá com frequência no decorrer do livro.

LEMBRE-SE

Os cientistas de dados chamam as colunas em um banco de dados de *atributos* ou *variáveis*. As linhas são os *casos*. Cada linha representa uma coleção de variáveis passíveis de análise.

Carregando pequenas quantidades de dados na memória

O método mais conveniente usado para trabalhar com dados é carregá-los direto na memória. Essa técnica já apareceu algumas vezes no livro, mas usa o conjunto de dados brinquedo da biblioteca Scikit-learn.

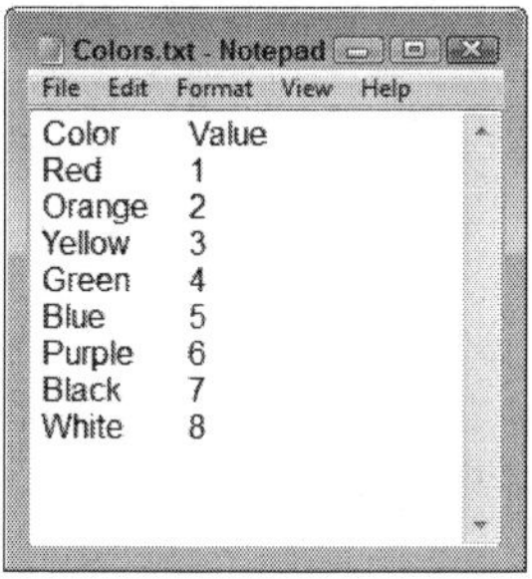

FIGURA 6-1: Formato do arquivo `Colors.txt`.

O exemplo também depende da funcionalidade nativa de Python para executar a tarefa. Ao carregar um arquivo (de qualquer tipo), o conjunto inteiro de dados fica disponível a qualquer momento, e o processo de carregamento é bem curto. Veja um exemplo de como a técnica funciona.

```
with open("Colors.txt", 'r') as open_file:
    print('Colors.txt content:\n' + open_file.read())
```

O exemplo começa usando o método `open()` para obter um objeto `file`. A função `open()` aceita o nome do arquivo e o modo de acesso. Neste caso, o modo de acesso é read (`r`). Ele usa o método `read()` do objeto file para ler todos os dados no arquivo. Se especificássemos um argumento de tamanho (size) como parte de `read()`, como `read(15)`, Python leria apenas o número de caracteres especificado ou pararia ao chegar no Fim do Arquivo (`EOF`). Ao executar esse exemplo, a saída seguinte será:

```
Colors.txt content:
Color     Value
Red         1
Orange      2
Yellow      3
Green       4
Blue        5
Purple      6
Black       7
White       8
```

CUIDADO

Todo o conjunto de dados é carregado na memória livre. É claro que o processo de carregamento falhará se o sistema não tiver memória suficiente para armazenar o conjunto de dados. Quando isso ocorre, é preciso considerar outras técnicas para trabalhar com o conjunto de dados, como fazer streaming ou amostragem. Resumindo: antes de usar essa técnica, certifique-se de que o conjunto de dados caberá na memória. Geralmente, não há problemas ao se trabalhar com os conjuntos de dados brinquedo da biblioteca Scikit-learn.

Fazendo streaming de grandes quantidades de dados na memória

Alguns conjuntos de dados serão tão grandes, que não caberão totalmente na memória de uma vez só. Além disso, alguns conjuntos de dados se carregam de forma mais lenta, pois estão em um local remoto. O streaming atende a ambas as necessidades, possibilitando trabalhar com os dados pouco a pouco. O download é feito em partes individuais, possibilitando trabalhar com parte dos dados e depois trabalhá-los à medida que os receber, em vez de esperar que todo o conjunto de dados seja baixado. Veja um exemplo de como fazer streaming de dados usando o Python:

```
with open("Colors.txt", 'r') as open_file:
    for observation in open_file:
        print('Reading Data: ' + observation)
```

Esse exemplo depende do arquivo `Colors.txt`, que contém um título e vários registros que associam um nome de cor a um valor. O objeto de arquivo `open_file` contém um ponteiro ao arquivo aberto.

À medida que o código faz a leitura de dados no loop `for`, o ponteiro do arquivo se move para o próximo registro. Os registros aparecem um de cada vez em `observation`. O código exibe o valor em `observation` usando uma declaração `print`. A saída é esta:

```
Reading Data: Color    Value

Reading Data: Red       1

Reading Data: Orange    2

Reading Data: Yellow    3

Reading Data: Green     4

Reading Data: Blue      5

Reading Data: Purple    6

Reading Data: Black     7

Reading Data: White     8
```

O Python faz streaming de cada registro da fonte. Isso significa que você deve realizar uma leitura para cada registro desejado.

Dados em Arquivo Flat Estruturado

Em muitos casos, os dados necessários para trabalhar não aparecerão dentro de uma biblioteca, como os conjuntos de dados brinquedo na biblioteca Scikit-learn. Dados reais aparecem em arquivos de algum tipo. Um arquivo flat apresenta o tipo mais fácil de arquivo para se trabalhar. Os dados aparecem como uma lista simples de entradas que podem ser lidas uma de cada vez, se desejado, dentro da memória. Dependendo das exigências do projeto, você pode ler todo o arquivo ou parte dele.

Um problema de usar técnicas nativas do Python é que a entrada não é inteligente. Por exemplo, quando um arquivo contém um título, o Python apenas o lê como mais dados para processar, em vez de apenas um título. Você não consegue selecionar facilmente uma coluna específica de dados.

LEMBRE-SE

O formato menos formatado de arquivo flat e, portanto, o mais fácil de ler é o arquivo de texto. No entanto, um arquivo de texto também trata todos os dados como strings, então muitas vezes é preciso converter os dados numéricos para outros formatos. Um arquivo CSV (comma-separated value) fornece mais formatação e mais informações, mas requer mais esforço para ler. Na extremidade superior da formatação de arquivos flat estão os formatos de dados personalizados, como um arquivo Excel, que contém muita formatação e inclui diversos conjuntos de dados em um único arquivo.

Lendo a partir de um arquivo de texto

Arquivos de texto usam diversos formatos de armazenamento. Contudo, um formato comum é ter uma linha de título que documenta o propósito de cada campo, seguida por outra linha para cada registro no arquivo. Os campos do arquivo são separados usando-se tabulações.

O Python nativo oferece vários métodos para ler tais arquivos. Entretanto, é muito mais fácil deixar que os outros façam esse trabalho. Nesse caso, usamos a biblioteca pandas para realizar a tarefa. Dentro dela, encontramos um conjunto de *parsers*, código usado para ler partes individuais de dados e determinar o propósito de cada uma de acordo com o formado do arquivo todo. Usar o parser correto é essencial para entender o conteúdo do arquivo. Nesse caso, o método `read_table()` realiza a tarefa, como mostrado no código a seguir:

```
import pandas as pd
color_table = pd.io.parsers.read_table("Colors.txt")
print(color_table)
```

O código importa a biblioteca pandas, usa o método `read_table()` para ler `Colors.txt` dentro de uma variável chamada `color_table`, e então exibe os dados de memória resultantes na tela usando a função `print`. Esta é a saída esperada para este exemplo.

```
     Color Value
0      Red     1
1   Orange     2
2   Yellow     3
3    Green     4
4     Blue     5
5   Purple     6
6    Black     7
7    White     8
```

Note que o parser interpreta corretamente a primeira linha como contendo nomes de campos. Ele numera os registros de 0 a 7. Os argumentos do método `read_table()` ajustam o modo como o parser interpreta o arquivo de entrada, mas as configurações padrões, na maior parte dos casos, funcionam melhor.

Lendo o formato delimitado CSV

Um arquivo CSV fornece mais formatação do que um arquivo de texto simples. O arquivo CSV usado para este exemplo é bem simples:

- » Um título define cada um dos campos.
- » Os campos são separados por vírgulas.
- » Os registros são separados por quebras de linha.
- » As strings ficam entre aspas.
- » Números inteiros e reais aparecem sem aspas.

A Figura 6-2 mostra o formato bruto do arquivo `Titanic.csv` usado neste exemplo. O formato bruto é acessado por meio de qualquer editor de texto.

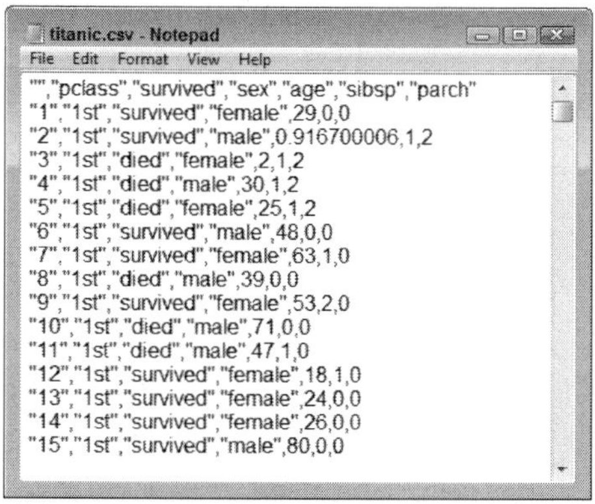

titanic.csv - Notepad

File Edit Format View Help

```
"","pclass","survived","sex","age","sibsp","parch"
"1","1st","survived","female",29,0,0
"2","1st","survived","male",0.916700006,1,2
"3","1st","died","female",2,1,2
"4","1st","died","male",30,1,2
"5","1st","died","female",25,1,2
"6","1st","survived","male",48,0,0
"7","1st","survived","female",63,1,0
"8","1st","died","male",39,0,0
"9","1st","survived","female",53,2,0
"10","1st","died","male",71,0,0
"11","1st","died","male",47,1,0
"12","1st","survived","female",18,1,0
"13","1st","survived","female",24,0,0
"14","1st","survived","female",26,0,0
"15","1st","survived","male",80,0,0
```

FIGURA 6-2: Um arquivo bruto de CSV é composto de muito texto.

Aplicações como o Excel importam e formatam arquivos CSV para que sejam mais fáceis de ler. A Figura 6-3 mostra o mesmo arquivo no Excel.

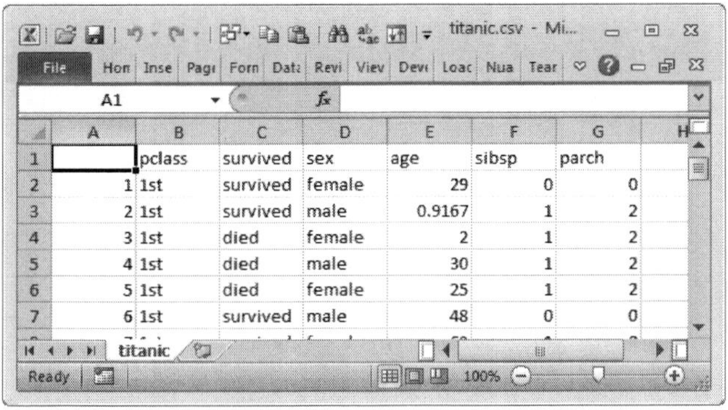

FIGURA 6-3: Use uma aplicação como o Excel para criar uma apresentação formatada de um CSV.

O Excel reconhece o título como tal. Se utilizar recursos como a classificação de dados, selecione as colunas de título para obter o resultado desejado. Felizmente, o pandas também possibilita trabalhar com o arquivo CSV como dado formatado, como no exemplo a seguir:

```
import pandas as pd
titanic = pd.io.parsers.read_csv("Titanic.csv")
X = titanic[['age']]
print(X)
```

Note que o parser escolhido desta vez é o `read_csv()`, que entende arquivos CSV e fornece novas opções para trabalhá-los. É muito fácil selecionar um campo específico — é só fornecer o nome do campo. A saída desse exemplo é assim (alguns valores foram omitidos para não ocupar espaço):

```
          age
0     29.0000
1      0.9167
2      2.0000
3     30.0000
4     25.0000
5     48.0000
...
```

```
1304    14.5000
1305 9999.0000
1306    26.5000
1307    27.0000
1308    29.0000
[1309 rows x 1 columns]
```

DICA

É claro que uma saída legível para seres humanos, como essa, é algo ótimo quando se trabalha em um exemplo, mas você pode também precisar dela em forma de lista. Para criar a saída como uma lista, basta mudar a terceira linha do código para que leia `X = titanic[['age']].values`. Perceba a adição da propriedade `values`. A saída muda para algo parecido com isto (alguns valores foram omitidos para não ocupar espaço):

```
[[ 29.  ]
 [ 0.91670001]
 [ 2.  ]
 ...,
 [ 26.5 ]
 [ 27.  ]
 [ 29.  ]]
```

Bancos de Dados Relacionais

Há bancos de dados de todas as formas. Por exemplo, o AskSam é um tipo de banco de dados textual de formato livre. Entretanto, a grande maioria dos dados usados pela organização depende de bancos relacionais, pois eles fornecem o meio para organizar quantidades enormes de dados complexos, o que facilita sua manipulação. O objetivo de um gestor de banco de dados é facilitar a manipulação dos dados. O foco da maioria dos armazenamentos é facilitar o resgate dos dados.

O denominador comum entre muitos bancos de dados relacionais é que todos dependem de uma forma da mesma linguagem para manipular dados, o que facilita o trabalho do cientista de dados. A Structured Query Language (SQL) possibilita realizar todos os tipos de tarefas de gestão em um banco relacional, recuperar dados quando necessário e até moldá-los de modo específico para que a necessidade de realizar mais modelagem seja desnecessária.

Criar uma conexão com um banco de dados é um empreendimento complexo. Para começar, é preciso saber como se conectar a esse banco específico, um processo que pode ser dividido em pequenas etapas. O primeiro passo é conseguir acesso ao mecanismo de armazenamento. Use duas linhas do código, como a seguir (o código aqui apresentado não foi criado para executar e realizar uma tarefa):

```
from sqlalchemy import create_engine
engine = create_engine('sqlite:///:memory:')
```

Depois de conseguir acesso a um mecanismo, use-o para realizar tarefas específicas para esse DBMS. A saída de um método de leitura é sempre um objeto `DataFrame` que contém os dados requisitados. Para escrever dados, crie um objeto `DataFrame` ou utilize um existente. Normalmente usamos estes métodos para realizar a maioria das tarefas:

- `read_sql_table()`: Lê dados de uma tabela SQL para um objeto `DataFrame`.
- `read_sql_query()`: Lê dados de um banco de dados usando um SQL query para um objeto `DataFrame`.
- `read_sql()`: Lê dados de uma tabela ou query SQL para um objeto `DataFrame`.
- `DataFrame.to_sql()`: Escreve o conteúdo de um objeto `DataFrame` a tabelas especificadas no banco de dados.

A biblioteca sqlalchemy oferece suporte para muitos bancos de dados SQL. A lista a seguir contém apenas alguns deles:

- SQLite.
- MySQL.
- PostgreSQL.
- SQL Server.
- Outros bancos de dados relacionais, passíveis de conexão usando Open Database Connectivity (ODBC).

Bancos de Dados NoSQL

Além dos bancos de dados relacionais padrões que dependem de SQL, há uma variedade de tipos de bancos de dados que não dependem de SQL. Chamados de NoSQL (Not Only SQL), esses bancos de dados são usados em grandes cenários de armazenamentos de dados em que o modelo relacional é complexo demais ou que, de outra forma, falharia. De modo geral, os bancos de dados não usam o modelo relacional. É claro que você encontrará menos DBMSs desse tipo usados no ambiente corporativo, pois requerem manuseio e treinamento especiais. Ainda assim, alguns DBMSs comuns são usados porque fornecem funcionalidades especiais ou atendem a exigências únicas. O processo é basicamente o mesmo para bancos NoSQL e relacionais:

1. **Importar a funcionalidade de mecanismo de armazenamento exigido.**
2. **Criar um mecanismo de armazenamento.**
3. **Fazer qualquer query exigido usando o mecanismo de armazenamento e a funcionalidade suportados pelo DBMS.**

Os detalhes variam bastante, e é preciso saber qual biblioteca usar com o produto específico de banco de dados.

NESTE CAPÍTULO

» Trabalhando com NumPy e pandas

» Lidando com variáveis simbólicas

» Corrigindo dados ausentes

Capítulo 7

Condicionando os Dados

As características, o conteúdo, o tipo e outros elementos que definem os dados, em sua totalidade, são o *formato*. Ele determina os tipos de tarefas que serão viáveis realizar a partir dos dados. Para que sejam úteis a certos tipos de análises, os dados precisam ser moldados em formatos diferentes. Pense nos dados como a argila e em si mesmo como o ceramista, pois é essa a relação estabelecida. Mas, em vez de usar suas mãos para moldar os dados, são as funções e os algoritmos que realizam a tarefa. Este capítulo detalha as ferramentas disponíveis para moldar os dados e as consequências de moldá-los.

LEMBRE-SE

O objetivo de alguns tipos de moldagem de dados é criar um conjunto de dados maior. Em muitos casos, os dados necessários para realizar uma análise não aparecem em uma única base de dados ou em um formato específico. É preciso moldar os dados e combiná-los para que se tenha um único conjunto de dados em um formato conhecido antes de começar a análise. Combinar dados de maneira bem-sucedida é uma arte, pois eles geralmente desafiam análises simples ou correções rápidas.

Conciliando NumPy e pandas

Não há dúvidas de que o NumPy é necessário o tempo todo. A biblioteca pandas é desenvolvida com base no NumPy. No entanto, é preciso escolher uma das duas ao realizar tarefas. A funcionalidade de baixo nível do NumPy é essencial para executar algumas tarefas, mas o pandas facilita tanto as tarefas que queremos usá-lo o tempo todo.

Sabendo quando usar NumPy

Os desenvolvedores basearam pandas em NumPy. Portanto, toda tarefa realizada usando pandas também passa por NumPy. Para obter os benefícios do pandas, você arca com uma taxa de desempenho que alguns testadores dizem ser cem vezes mais lenta que o NumPy para uma tarefa semelhante. Dado que o hardware do computador compensa muitas diferenças de desempenho hoje em dia, a questão da velocidade às vezes não é um problema, mas quando a velocidade é essencial, o NumPy é sempre a melhor escolha.

Sabendo quando usar pandas

Use o pandas para facilitar e acelerar a escrita do código. Como ele faz boa parte do trabalho, usá-lo também reduz possíveis erros de programação. Mas a principal consideração a fazer é que a biblioteca pandas oferece funcionalidades ótimas de séries temporais, alinhamento de dados, estatísticas com dados ausentes, e métodos groupby, merge e join. Normalmente, precisamos programar esses recursos quando usamos NumPy, o que significa que estamos sempre reinventando a roda.

Validando os Dados

Quando se tratam de dados, ninguém sabe exatamente o que uma grande base de dados contém. Sim, todo mundo já viu partes dela, mas quando consideramos o tamanho de algumas bases de dados, vê-las em totalidade seria fisicamente impossível. Como não sabemos o que existe nela, não é certo que a análise funcionará de fato como desejado e fornecerá resultados válidos. Resumindo: valide os dados antes de usá-los para garantir que estejam, no mínimo, próximos do esperado. Isso significa realizar tarefas como remover registros duplicados antes de usar os dados para qualquer tipo de análise (duplicatas desequilibram os resultados de forma injusta).

Descobrindo o que existe nos dados

Descobrir o que os dados contêm é importante, pois verificar dados à mão às vezes é simplesmente impossível devido ao número de observações e variáveis. Além disso, a verificação à mão do conteúdo consome muito tempo, é propensa a erros e, mais importante, é muito chata. É importante encontrar duplicatas porque, no final:

- » Mais tempo computacional é gasto para processar duplicatas, o que atrasa o algoritmo.
- » Os resultados obtidos são falsos, pois as duplicatas os sobrecarregam implicitamente. Como algumas entradas aparecem mais de uma vez, o algoritmo as considera mais importantes.

Como cientista de dados, você quer que os dados o fascinem, então é hora de fazê-los falar com você — por meio das maravilhas do pandas, como mostrado no exemplo a seguir:

```
from lxml import objectify
import pandas as pd

xml = objectify.parse(open('XMLData2.xml'))
root = xml.getroot()
df = pd.DataFrame(columns=('Number', 'String', 'Boolean'))

for i in range(0,4):
    obj = root.getchildren()[i].getchildren()
    row = dict(zip(['Number', 'String', 'Boolean'],
                   [obj[0].text, obj[1].text,
                    obj[2].text]))
```

```
    row_s = pd.Series(row)
    row_s.name = i
    df = df.append(row_s)

search = pd.DataFrame.duplicated(df)
print(df)
print()
print(search[search == True])
```

Esse exemplo mostra como encontrar linhas duplicadas. Ele depende de uma versão modificada do arquivo `XMLData.xml`, o `XMLData2.xml`, que contém uma única linha repetida. Um arquivo com dados reais contém milhares de registros e possivelmente centenas de repetições, mas este exemplo simples funciona.

A essa altura, os dados estão corrompidos, pois contêm uma linha duplicada. No entanto, uma busca os livra dela. O primeiro passo é criar um objeto de pesquisa contendo uma lista de linhas duplicadas chamando `pd.DataFrame.duplicated()`. As linhas duplicadas contêm um `True` ao lado do número da linha.

É claro que agora podemos ter uma lista não ordenada de linhas duplicadas ou não. A maneira mais fácil de determinar quais linhas são duplicadas é criar um índice no qual utilizamos `search == True` como expressão. A seguir, vemos a saída deste exemplo. Note que a linha 3 está duplicada na saída do `DataFrame` e que também é citada nos resultados de `search`:

```
   Number  String Boolean
0       1   First    True
1       2  Second   False
2       3   Third    True
3       3   Third    True

3    True
dtype: bool
```

Removendo duplicatas

Para obter um conjunto de dados limpo, devemos remover as duplicatas. Felizmente, não precisamos escrever nenhum código estranho para fazer o trabalho — o pandas o faz, como mostrado no exemplo a seguir:

```
from lxml import objectify
import pandas as pd

xml = objectify.parse(open('XMLData2.xml'))
root = xml.getroot()
df = pd.DataFrame(columns=('Number', 'String', 'Boolean'))
for i in range(0,4):
    obj = root.getchildren()[i].getchildren()
    row = dict(zip(['Number', 'String', 'Boolean'],
                   [obj[0].text, obj[1].text,
                    obj[2].text]))
    row_s = pd.Series(row)
    row_s.name = i
    df = df.append(row_s)

print(df.drop_duplicates())
```

Como no exemplo anterior, começamos criando um DataFrame que contém o registro duplicado. Para removê-lo, basta chamar `drop_duplicates()`. Veja o resultado obtido.

```
  Number  String Boolean
0      1   First    True
1      2  Second   False
2      3   Third    True
```

Manipulando Variáveis Categóricas

Em data science, uma *variável categórica* é aquela que tem um valor específico de uma seleção limitada de valores. Na maior parte dos casos, a quantidade de valores é fixa. Muitos desenvolvedores conhecem as variáveis categóricas pelo apelido *enumerações*. Cada um dos valores em potencial que uma variável categórica assume é um *nível*.

Para entender como funcionam, digamos que uma variável expresse a cor de um objeto, como um carro, e que o usuário possa selecionar blue (azul), red (vermelho) ou green (verde). Para expressar a cor do carro de forma que os computadores possam representá-la e realmente computá-la, uma aplicação atribui um valor numérico a cada cor, então azul é 1, vermelho é 2 e verde é 3. Em geral, ao exibir cada cor, o valor, em vez da cor, será exibido.

Se usarmos `pandas.DataFrame`, ainda será possível ver o valor simbólico (blue, red e green), mesmo que o computador os armazene como valor numérico. Às vezes precisamos renomear e combinar esses valores nomeados para criar símbolos. As variáveis simbólicas são apenas um modo conveniente de representar e armazenar dados qualitativos.

Ao usar variáveis categóricas no aprendizado de máquina, é importante considerar o algoritmo usado para manipular as variáveis. Alguns algoritmos, como árvores e ensembles de três, trabalham diretamente com as variáveis numéricas por trás dos símbolos. Outros, como regressão linear e logística e SVM, exigem a codificação dos valores em variáveis binárias. Por exemplo, se tivermos três níveis para uma variável de cor (blue, red e green), teremos que criar três variáveis binárias:

- » Uma para blue (1 quando o valor for blue, 0 quando não for).
- » Uma para red (1 quando o valor for red, 0 quando não for).
- » Uma para green (1 quando o valor for green, 0 quando não for).

Criando variáveis categóricas

Variáveis categóricas têm um número específico de valores, o que as torna incrivelmente valiosas no desempenho de várias tarefas de data science. Por exemplo, imagine tentar encontrar valores que estejam fora dos limites de um conjunto de dados enorme. Nesse exemplo, vemos um método para criar uma variável categórica e, então, como é usada para verificar se algum dado está dentro dos limites especificados:

```
import pandas as pd

car_colors = pd.Series(['Blue', 'Red', 'Green'],
                       dtype='category')

car_data = pd.Series(
    pd.Categorical(
        ['Yellow', 'Green', 'Red', 'Blue', 'Purple'],
                   categories=car_colors, ordered=False))

find_entries = pd.isnull(car_data)

print(car_colors)
print()
print(car_data)
print()
print(find_entries[find_entries == True])
```

O exemplo começa criando uma variável categórica, `car_colors`. Ela contém os valores `Blue`, `Red` e `Green` como cores aceitáveis para um carro. Note que o valor da propriedade `dtype`, de `category`, deve ser especificado.

O próximo passo é criar outra série. Ela usa uma lista de cores reais de carro, chamada `car_data`, como entrada. Nem todas as cores correspondem aos valores aceitáveis predefinidos. Quando isso ocorre, o pandas exibe Not a Number (`NaN`), em vez da cor do carro.

É claro que poderíamos buscar manualmente na lista os carros que não se enquadram, mas o método mais fácil é fazer o pandas executar isso. Nesse caso, perguntamos ao pandas quais entradas são nulas usando `isnull()` e as colocamos em `find_entries`. Então exibimos apenas as entradas que de fato são nulas. Veja a saída do exemplo:

```
0      Blue
1       Red
2     Green
dtype: category
Categories (3, object): [Blue, Green, Red]

0       NaN
1     Green
2       Red
3      Blue
4       NaN
dtype: category
Categories (3, object): [Blue, Green, Red]

0    True
4    True
dtype: bool
```

Combinando níveis

Um nível categórico específico é pequeno demais para oferecer dados significativos para análise. Talvez haja apenas alguns dos valores, que não serão suficientes para criar uma diferença estatística. Nesse caso, combinar várias categorias pequenas oferece resultados analíticos melhores. O exemplo a seguir mostra como combinar categorias:

```
import pandas as pd

car_colors = pd.Series(['Blue', 'Red', 'Green'],
    dtype='category')
car_data = pd.Series(
    pd.Categorical(
       ['Blue', 'Green', 'Red', 'Green', 'Red', 'Green'],
       categories=car_colors, ordered=False))

car_data = car_data.cat.set_categories(
    ["Blue", "Red", "Green", "Blue_Red"])
```

```
print(car_data.loc[car_data.isin(['Red'])])
car_data.loc[car_data.isin(['Red'])] = 'Blue_Red'
car_data.loc[car_data.isin(['Blue'])] = 'Blue_Red'

car_data = car_data.cat.set_categories(
    ["Green", "Blue_Red"])

print()
print(car_data)
```

Esse exemplo mostra que há apenas um item `Blue` e dois itens `Red`, mas três itens `Green`, o que faz de `Green` a maioria. Combinar `Blue` e `Red` é um processo de dois passos. Primeiro, adicione a categoria `Blue_Red` a `car_data`. Depois, mude as entradas `Red` e `Blue` para `Blue_Red`, que cria a categoria combinada. Como passo final, remova as categorias desnecessárias.

Contudo, antes de mudar as entradas `Red` para `Blue_Red`, é preciso encontrá-las. É aqui que uma combinação de chamadas para `isin()`, que localiza as entradas `Red`, e `loc[]`, que obtém os índices, fornece exatamente o que se espera. A primeira declaração `print` mostra o resultado dessa combinação. Veja a saída para esse exemplo.

```
2    Red
4    Red
dtype: category
Categories (4, object): [Blue, Red, Green, Blue_Red]

0    Blue_Red
1       Green
2    Blue_Red
3       Green
4    Blue_Red
5       Green
dtype: category
Categories (2, object): [Green, Blue_Red]
```

Lidando com Dados Ausentes

Às vezes os dados recebidos não têm algumas informações em campos específicos. Por exemplo, um registro de cliente pode não ter a idade. Se houver muitas entradas ausentes em registros, qualquer análise realizada será enviesada, e os resultados terão pesos imprevisíveis. É importante ter uma estratégia para lidar com dados ausentes.

Encontrando os dados ausentes

Encontrar dados ausentes no conjunto de dados é essencial para evitar a obtenção de resultados incorretos nas análises. O código a seguir mostra como obter uma lista de valores ausentes sem muito esforço:

```
import pandas as pd
import numpy as np

s = pd.Series([1, 2, 3, np.NaN, 5, 6, None])

print(s.isnull())

print()
print(s[s.isnull()])
```

Um conjunto de dados representa os dados ausentes de diversas formas. Nesse exemplo, você os verá representados como `np.NaN` (NumPy Not a Number) e pelo valor Python `None`.

Use o método `isnull()` para detectar os valores ausentes. A saída mostra `True` quando o valor está ausente. Ao adicionar um índice ao conjunto de dados, apenas as entradas estarão ausentes. O exemplo exibe a saída:

```
0    False
1    False
2    False
3     True
4    False
```

```
5     False
6      True
dtype: bool

3    NaN
6    NaN
dtype: float64
```

Inserindo os dados ausentes

A técnica usada depende do tipo de dados com os quais trabalha. O exemplo mostra uma técnica para atribuir valores de dados ausentes:

```
import pandas as pd
import numpy as np
from sklearn.preprocessing import Imputer

s = [[1, 2, 3, np.NaN, 5, 6, None]]

imp = Imputer(missing_values='NaN',
              strategy='mean', axis=0)

imp.fit([[1, 2, 3, 4, 5, 6, 7]])

x = pd.Series(imp.transform(s).tolist()[0])

print(x)
```

Nesse exemplo, `s` não tem alguns valores. O código cria um `Imputer` para substituí-los. O parâmetro `missing_values` define o que procurar, isto é, `NaN`. Configure o parâmetro `axis` como 0 para inserir valores ao longo de colunas e 1 para inserir ao longo das linhas. O parâmetro `strategy` define como substituir os valores ausentes.

- `mean`: Substitui os valores usando a média ao longo do eixo.
- `median`: Substitui os valores usando a mediana ao longo do eixo.
- `most_frequent`: Substitui os valores usando o valor mais frequente ao longo do eixo.

Antes de inserir o que quer que seja, forneça as estatísticas para uso do `Imputer` chamando `fit()`. Depois o código chama `transform()` em `s` para preencher os valores ausentes. Nesse caso, o exemplo precisa exibir o resultado como uma série. Para criar uma série, converta a saída do `Imputer` em uma lista e use-a como entrada para `Series()`. Veja o resultado do processo com os valores ausentes preenchidos:

```
0  1
1  2
2  3
3  4
4  5
5  6
6  7
dtype: float64
```

Concatenando e Transformando

Dados usados para fins de data science raramente vêm em um pacote perfeito. Você pode ter de trabalhar com várias bases de dados em várias localizações — cada qual com o próprio formato de dados. É impossível realizar análises em fontes tão díspares de informações com alguma precisão. Para que os dados sejam úteis, crie um único conjunto de dados (*concatenando*, ou combinando, os dados das diversas fontes).

Adicionando novos casos e variáveis

Muitas vezes, precisamos combinar conjuntos de dados de diversas formas ou até adicionar novas informações pelo bem da análise. O resultado é um conjunto de dados combinados que inclui novos casos ou variáveis. O exemplo a seguir mostra técnicas para realizar ambas as tarefas:

```
import pandas as pd

df = pd.DataFrame({'A': [2,3,1],
                   'B': [1,2,3],
                   'C': [5,3,4]})

df1 = pd.DataFrame({'A': [4],
                    'B': [4],
                    'C': [4]})

df = df.append(df1)
df = df.reset_index(drop=True)
print(df)

df.loc[df.last_valid_index() + 1] = [5, 5, 5]
print()
print(df)

df2 = pd.DataFrame({'D': [1, 2, 3, 4, 5]})

df = pd.DataFrame.join(df, df2)
print()
print(df)
```

O jeito mais fácil de adicionar mais dados a um `DataFrame` existente é o método `append()`. Também podemos usar o método `concat()`. Nesse caso, os três casos encontrados em `df` são adicionados ao único caso encontrado em `df1`. Para garantir que os dados sejam anexados como previsto, as colunas em `df` e `df1` devem se corresponder. Ao anexar dois objetos `DataFrame` dessa forma, o novo `DataFrame` contém os valores antigos do índice. Use o método `reset_index()` para criar um novo índice para facilitar o acesso aos cases.

Uma alternativa para adicionar outro caso a um `DataFrame` existente é criá-lo diretamente. Sempre que acrescentar uma entrada em uma posição que seja um número maior do que `last_valid_index()`, o resultado será um novo caso.

Às vezes precisamos adicionar uma nova variável (coluna) ao `DataFrame`. No caso, use `join()` para realizar a tarefa. O `DataFrame` resultante corresponderá os casos com o mesmo valor de índice, portanto, a indexação é importante. Além disso, a não ser que deseje valores em branco, o número de casos em ambos os objetos `DataFrame` devem corresponder. Veja a saída do exemplo:

```
   A  B  C
0  2  1  5
1  3  2  3
2  1  3  4
3  4  4  4

   A  B  C
0  2  1  5
1  3  2  3
2  1  3  4
3  4  4  4
4  5  5  5

   A  B  C  D
0  2  1  5  1
1  3  2  3  2
2  1  3  4  3
3  4  4  4  4
4  5  5  5  5
```

Removendo dados

Em determinado ponto, podemos querer remover casos ou variáveis de um conjunto de dados porque não são exigidos para a análise. Em ambos os casos, utilizamos o método `drop()` para realizar a tarefa. A diferença entre remover casos ou variáveis está em como descrever o que é removido, como mostrado no exemplo a seguir:

```
import pandas as pd

df = pd.DataFrame({'A': [2,3,1],
                   'B': [1,2,3],
                   'C': [5,3,4]})

df = df.drop(df.index[[1]])
print(df)

df = df.drop('B', 1)
print()
print(df)
```

O exemplo começa removendo um caso de `df`. Note como o código depende de um índice para descrever o que remover. Você pode remover apenas um caso (como mostrado), intervalos de casos, ou casos individuais separados por vírgulas. A principal preocupação é garantir que os números dos índices estejam corretos para os casos que quiser remover.

Remover uma coluna é diferente. Este exemplo mostra como remover uma coluna usando um nome de coluna. Também é possível removê-la usando um índice. Em ambos os casos, devemos especificar um eixo como parte do processo de remoção (geralmente 1). Veja a saída desse exemplo:

```
   A  B  C
0  2  1  5
2  1  3  4

   A  C
0  2  5
2  1  4
```

Classificando e misturando

A classificação e a mistura são dois fins para o mesmo objetivo — gerenciar a ordem dos dados. No primeiro caso, colocamos os dados em ordem, enquanto no segundo removemos qualquer padronização sistemática de ordem. Em geral, não classificamos conjuntos de dados para propósitos de análise, pois isso induz a resultados incorretos. No entanto, você pode querer classificar os dados para fins de apresentação. O exemplo a seguir mostra a classificação e a mistura:

```
import pandas as pd
import numpy as np

df = pd.DataFrame({'A': [2,1,2,3,3,5,4],
                   'B': [1,2,3,5,4,2,5],
                   'C': [5,3,4,1,1,2,3]})

df = df.sort_values(by=['A', 'B'], ascending=[True, True])
df = df.reset_index(drop=True)
print(df)

index = df.index.tolist()
np.random.shuffle(index)
df = df.loc[df.index[index]]
df = df.reset_index(drop=True)
print()
print(df)
```

No fim das contas, a classificação dos dados é um pouco mais fácil do que a mistura. Para classificá-los, usamos o método `sort_values()` e definimos quais colunas usar para fins de indexação.

NESTE CAPÍTULO

» Manipulando dados HTML e texto puro

» Descobrindo o modelo saco de palavras

Capítulo 8

Modelando Dados

O Capítulo 7 demonstra técnicas para trabalhar com os dados de forma isolada — como se fossem inerentes ao Python. No entanto, os dados não existem no vácuo. Não aparecem de repente no Python sem motivo. Como demonstrado no Capítulo 6, nós carregamos os dados. Mas carregá-los não basta — talvez tenhamos de modelá-los como parte do carregamento. Esse é o propósito deste capítulo. Você descobrirá como trabalhar com uma variedade de tipos de container de modo que possibilitem o carregamento de dados complexos, como páginas HTML. Na verdade, trabalhamos até com grafos, imagens e sons.

Trabalhando com Páginas HTML

As páginas HTML contêm dados em formato hierárquico. Muitas vezes encontramos esse conteúdo em formato estritamente HTML ou como XML. O formato HTML é problemático, pois nem sempre segue as regras estritas de formatação. O XML as segue por causa dos padrões usados para defini-lo, o que facilita a análise. Contudo, em ambos os casos, usamos técnicas similares para analisar uma página.

Às vezes não precisamos de todos os dados em uma página, mas apenas de alguns específicos, e é aí que o XPath entra em jogo. Ele localiza dados específicos na página HTML e os extrai para necessidades específicas.

Analisando XML e HTML

Apenas extrair os dados de um arquivo XML não é o bastante. Os dados nem sempre já estão no formato correto. Obviamente, não é possível realizar muita manipulação de dados com strings. O exemplo a seguir modela os dados XML para criar um DataFrame contendo apenas os elementos `<Number>` e `<Boolean>` no formato correto.

```
from lxml import objectify
import pandas as pd
from distutils import util

xml = objectify.parse(open('XMLData.xml'))
root = xml.getroot()
df = pd.DataFrame(columns=('Number', 'Boolean'))

for i in range(0, 4):
    obj = root.getchildren()[i].getchildren()
    row = dict(zip(['Number', 'Boolean'],
                   [obj[0].pyval,
                    bool(util.strtobool(obj[2].text))]))
    row_s = pd.Series(row)
    row_s.name = obj[1].text
    df = df.append(row_s)

print(type(df.loc['First']['Number']))
print(type(df.loc['First']['Boolean']))
```

O DataFrame `df` é instanciado como vazio no início, mas à medida que o código faz loops pelos filhos do nodo raiz, ele extrai uma lista contendo o seguinte:

» Um elemento <Number> (expressado como um int).

» Um elemento ordinal (uma string).

» Um elemento <Boolean> (expressado como uma string).

Usando o XPath para extração de dados

Usar o XPath para extrair dados do conjunto de dados reduz muito a complexidade do código e tem também o potencial de deixá-lo mais rápido.

```
from lxml import objectify
import pandas as pd
from distutils import util

xml = objectify.parse(open('XMLData.xml'))
root = xml.getroot()

map_number = map(int, root.xpath('Record/Number'))
map_bool = map(str, root.xpath('Record/Boolean'))
map_bool = map(util.strtobool, map_bool)
map_bool = map(bool, map_bool)
map_string = map(str, root.xpath('Record/String'))

data = list(zip(map_number, map_bool))

df = pd.DataFrame(data,
                  columns=('Number', 'Boolean'),
                  index = list(map_string))

print(df)
print(type(df.loc['First']['Number']))
print(type(df.loc['First']['Boolean']))
```

O exemplo começa exatamente como o anterior, importando os dados e obtendo o nodo raiz. Aqui, criamos um objeto de dados que contém pares de números de registro e Booleanos. Como as entradas do arquivo XML são todas strings, devemos usar a função `map()` para convertê-las para os valores adequados. Trabalhar com números de registro é algo bem direto — basta mapeá-los em um `int`. A função `xpath()` aceita um caminho para o nodo raiz para os dados necessários, neste caso, `'Record/Number'`.

Mapear o valor Booleano é um pouco mais difícil. A função `util.strtobool()` converte os valores de strings Booleanas em um número que `bool()` possa converter a um equivalente Booleano. Contudo, se tentarmos realizar apenas um mapeamento duplo, receberemos uma mensagem de erro dizendo que a lista não inclui uma função requerida, `tolower()`. Para superar esse obstáculo, realizamos um mapeamento triplo e convertemos os dados em uma string usando a função `str()` primeiro.

Criar o `DataFrame` também é diferente. Em vez de acrescentar linhas individuais, adicionamos todas elas de uma vez usando `data`. Os nomes de colunas são configurados como antes. No entanto, precisamos de um modo de adicionar nomes de linhas, como no exemplo anterior. Essa tarefa é feita ao configurar um parâmetro `index` a uma versão mapeada da entrada de `xpath()` para o caminho `'Record/String'`. Veja a entrada esperada:

```
       Number Boolean
First       1    True
Second      2   False
Third       3    True
Fourth      4   False
<type 'numpy.int64'>
<type 'numpy.bool_'>
```

Trabalhando com Texto Puro

Mesmo parecendo que o texto puro não apresentaria problemas na análise porque não contém formatação especial, precisamos considerar como o texto é armazenado e se ele contém palavras especiais. As várias formas do Unicode tendem a apresentar problemas de interpretação que devem ser considerados ao se trabalhar com o texto. Usar expressões regulares auxilia a localização de informações específicas dentro de um arquivo de texto puro. Use-as tanto para limpar os dados quanto para corresponder a padrões.

Lidando com Unicode

Arquivos de texto são texto puro — isso é uma certeza. O modo como o texto é codificado muda. Por exemplo, um caractere pode usar sete, oito ou mais bits para fins de codificação. O uso de caracteres especiais também difere. Resumindo: a interpretação dos bits usados para criar caracteres é diferente de uma codificação para outra.

LEMBRE-SE

Às vezes precisamos trabalhar com codificações diferentes da padrão estipulada pelo ambiente Python. Ao trabalhar com Python 3.*x*, devemos usar a Universal Transformation Format 8-bit (UTF-8) para ler e escrever arquivos. Esse ambiente é sempre configurado para a UTF-8, e uma mensagem de erro é emitida quando tentamos mudar isso.

Stemizando e removendo palavras vazias

A *stemização* é o processo de redução de palavras à sua raiz (ou base). Isso não é o mesmo que entender que algumas palavras vêm do latim ou de outras raízes, mas, sim, igualar palavras semelhantes para fins de comparação ou compartilhamento. Por exemplo, as palavras *gato*, *gata* e *gatinhos* têm a mesma raiz *gat*. O ato de stemizar o ajuda a analisar sentenças tokenizando-as de modo mais eficaz, pois o algoritmo de aprendizado de máquina precisa aprender sobre a raiz *gat*, e não sobre todas suas variantes.

Mas a remoção de sufixos para criar palavras raiz e tokenizar sentenças no geral são apenas duas partes do processo de criação de algo parecido com uma interface de linguagem natural. As linguagens incluem grandes quantidades de palavras de ligação que não significam muito para um computador, mas têm significados importantes para seres humanos, como *o*, *a*, *um*, *uma*, *em*, *no*, *na* e assim por diante em português. Essas palavras curtas e menos úteis são *palavras vazias*. Sem elas, as frases não fazem sentido para os seres humanos, mas, para o computador, são um meio de interrupção da análise de sentenças.

A stemização e remoção de palavras vazias simplificam o texto e reduz o número de elementos textuais para que apenas os essenciais permaneçam. Além disso, mantemos apenas os termos mais próximos do sentido real da frase. Reduzindo frases dessa maneira, um algoritmo computacional trabalha mais rápido e processa o texto com mais eficiência.

Apresentando as expressões regulares

As expressões regulares apresentam uma variedade de ferramentas de análise de texto puro ao cientista de dados. Em um primeiro momento, parece assustador entender exatamente como funcionam, mas sites como `https://regexr.com/` [conteúdo em inglês] lhe permitem brincar com as expressões regulares para ver como seu uso realiza tipos específicos de correspondência de padrões. É claro que a primeira exigência é descobrir a *correspondência de padrões*, que é o uso de caracteres especiais que dizem ao mecanismo de análise o que encontrar no arquivo de texto puro. A Tabela 8-1 fornece uma lista de caracteres de correspondência de padrões e diz como utilizá-los.

TABELA 8-1 **Caracteres de Correspondência de Padrões Usados no Python**

Caractere	Interpretação
`(re)`	Agrupa expressões regulares e lembra o texto correspondente
`(?: re)`	Agrupa expressões regulares sem lembrar o texto correspondente
`(?#...)`	Indica um comentário, que não é processado

<table>
<tr><th>Caractere</th><th>Interpretação</th></tr>
<tr><td><code>re?</code></td><td>Corresponde a 0 ou 1 ocorrência da expressão anterior (mas não mais do que 0 ou 1 ocorrência)</td></tr>
<tr><td><code>re*</code></td><td>Corresponde a 0 ou mais ocorrências da expressão anterior</td></tr>
<tr><td><code>re+</code></td><td>Corresponde a 1 ou mais ocorrências da expressão anterior</td></tr>
<tr><td><code>(?> re)</code></td><td>Corresponde a um padrão independente sem rastreio (backtracking)</td></tr>
<tr><td><code>.</code></td><td>Corresponde a qualquer caractere individual, exceto pelo caractere de quebra de linha (\n) (adicionar a opção <code>m</code> também possibilita a correspondência do caractere de quebra de linha)</td></tr>
<tr><td><code>[^...]</code></td><td>Corresponde a qualquer caractere individual ou intervalo de caracteres que não esteja entre colchetes</td></tr>
<tr><td><code>[...]</code></td><td>Corresponde a qualquer caractere individual ou intervalo de caracteres que esteja entre colchetes</td></tr>
<tr><td><code>re{ n, m}</code></td><td>Corresponde a pelo menos <code>n</code> e no máximo <code>m</code> ocorrências da expressão anterior</td></tr>
<tr><td><code>\n, \t, etc.</code></td><td>Corresponde a caracteres de controle, como quebra de linha (\n), retorno do carro (\r) e tabulações (\t)</td></tr>
<tr><td><code>\d</code></td><td>Corresponde a dígitos (o equivalente a usar <code>[0-9]</code>)</td></tr>
<tr><td><code>a|b</code></td><td>Corresponde a <code>a</code> ou <code>b</code></td></tr>
<tr><td><code>re{ n}</code></td><td>Corresponde a exatamente n ocorrências da expressão anterior</td></tr>
<tr><td><code>re{ n,}</code></td><td>Corresponde a <code>n</code> ou mais ocorrências da expressão anterior</td></tr>
<tr><td><code>\D</code></td><td>Corresponde a caracteres que não sejam dígitos</td></tr>
<tr><td><code>\S</code></td><td>Corresponde a caracteres que não sejam espaço em branco (whitespace)</td></tr>
</table>

(continua)

(continuação)

Caractere	Interpretação
`\B`	Corresponde a limites que não sejam de palavras
`\W`	Corresponde a caracteres que não sejam de palavras
`\1...\9`	Corresponde à enésima subexpressão agrupada
`\10`	Corresponde à enésima subexpressão agrupada se ela já estiver correspondida (caso contrário, o padrão se refere à representação octal do código de um caractere)
`\A`	Corresponde ao começo de uma string
`^`	Corresponde ao começo de uma linha
`\z`	Corresponde ao fim de uma string
`\Z`	Corresponde ao fim de uma string (quando existe uma quebra de linha, a correspondência ocorre imediatamente antes)
`$`	Corresponde ao fim de uma linha
`\G`	Corresponde ao ponto em que a última correspondência terminou
`\s`	Corresponde ao espaço em branco (equivalente a usar [\t\n\r\f])
`\b`	Corresponde a limites de palavras quando está fora de colchetes; corresponde ao backspace (0x08) quando está entre colchetes
`\w`	Corresponde a caracteres de palavras
`(?= re)`	Especifica uma posição usando um padrão (esse padrão não tem um intervalo)
`(?! re)`	Especifica uma posição usando negação de padrão (esse padrão não tem um intervalo)

Caractere	Interpretação
`(?-imx)`	Desliga temporariamente as opções `i`, `m` ou `x` dentro de uma expressão regular (quando esse padrão aparece entre parênteses, apenas a área entre eles é afetada)
`(?imx)`	Liga temporariamente as opções `i`, `m` ou `x` dentro de uma expressão regular (quando esse padrão aparece entre parênteses, apenas a área entre eles é afetada)
`(?-imx: re)`	Desliga temporariamente as opções `i`, `m` ou `x` dentro dos parênteses
`(?imx: re)`	Liga temporariamente as opções `i`, `m` ou `x` dentro dos parênteses

Usando o Modelo Saco de Palavras e Mais

O objetivo da maioria das importações de dados é realizar algum tipo de análise. Antes de poder analisar dados textuais, é preciso tokenizar todas as palavras no conjunto de dados, o que cria um *saco de palavras*, que depois será usado para treinar *classificadores*, um tipo especial de algoritmo usado para dividir palavras em categorias.

Entendendo o modelo saco de palavras

Para realizar vários tipos de análises textuais, precisamos primeiro tokenizar as palavras e criar um saco de palavras. Ele usa números para representar palavras, frequências de palavras e localizações de palavras que possam ser manipuladas matematicamente para que vejamos padrões no modo em que as palavras são estruturadas e usadas. O modelo saco de palavras ignora a gramática e até mesmo a ordem das palavras — o foco é a simplificação do texto para que seja fácil analisá-lo.

A criação de um saco de palavras gira em torno do Processamento de Língua Natural (PLN) e da Recuperação de Informação (RI). Antes de fazer esse tipo de processamento, geralmente removemos qualquer caractere especial (como formatação HTML de uma fonte web), removemos as palavras vazias e fazemos também a stemização. Para os propósitos deste exemplo, usamos o conjunto de dados 20 Newsgroups diretamente. Veja um exemplo de como obter uma entrada textual e criar um saco de palavras:

```
from sklearn.datasets import fetch_20newsgroups
from sklearn.feature_extraction.text import *

categories = ['comp.graphics', 'misc.forsale',
              'rec.autos', 'sci.space']
twenty_train = fetch_20newsgroups(subset='train',
                                  categories=categories,
                                  shuffle=True,
                                  random_state=42)

count_vect = CountVectorizer()
X_train_counts = count_vect.fit_transform(
    twenty_train.data)

print("BOW shape:", X_train_counts.shape)
caltech_idx = count_vect.vocabulary_['caltech']
print('"Caltech": %i' % X_train_counts[0, caltech_idx])
```

A chamada de `fetch_20newsgroups()` carrega o conjunto de dados na memória. O objeto de treinamento, `twenty_train`, é exibido, descrito como um *bunch*. Aqui temos um objeto que contém uma listagem de categorias e dados associados, mas a aplicação ainda não tokenizou os dados, e o algoritmo usado para trabalhar com eles ainda não foi treinado.

Agora que há um monte de dados disponíveis, crie um saco de palavras. Esse processo começa atribuindo um valor inteiro (um tipo de índice) a cada palavra única no conjunto de treinamento. Além disso, cada documento recebe um valor inteiro. O próximo passo é contar cada ocorrência dessas palavras em cada documento e criar uma lista de pares de documentos e contagens para saber quais palavras aparecem e sua frequência em cada documento.

É natural que algumas palavras da lista principal não sejam usadas em alguns documentos, criando assim um *conjunto altamente dimensional de dados esparços*. A matriz `scipy.sparse` é uma estrutura de dados que permite armazenar apenas elementos diferentes de zero da lista para poupar a memória. Quando o código chama `count_vect.fit_transform()`, ele coloca o saco de palavras resultante em `X_train_counts`. Veja o número de entradas resultante acessando a propriedade `shape` e as contagens da palavra `"Caltech"` no primeiro documento:

```
BOW shape: (2356, 34750)
"Caltech": 3
```

Trabalhando com n-gramas

Um *n-grama* é uma sequência contínua de itens no texto que se deseja analisar. Os itens são fonemas, sílabas, letras, palavras ou pares de base. O *n* em n-grama se refere a um tamanho. Um n-grama de tamanho um, por exemplo, é um unigrama. O exemplo nesta seção usa um tamanho três, isto é, um trigrama. Usamos n-gramas de modo probabilístico para realizar tarefas como a previsão da próxima sequência em uma série, que não seria muito útil até começarmos a pensar sobre aplicações, como mecanismos de busca que tentam prever a palavra que deseja digitar com base nas letras já fornecidas. Contudo, a técnica tem todos os tipos de aplicação, como no sequenciamento de DNA e na compressão de dados. O exemplo a seguir mostra como criar n-gramas do conjunto de dados 20 Newsgroups.

```
from sklearn.datasets import fetch_20newsgroups
from sklearn.feature_extraction.text import *

categories = ['sci.space']

twenty_train = fetch_20newsgroups(subset='train',
```

```
                                categories=categories,
                                remove=('headers',
                                        'footers',
                                        'quotes'),
                                shuffle=True,
                                random_state=42)

count_chars = CountVectorizer(analyzer='char_wb',
                              ngram_range=(3,3),
                              max_features=10)

count_chars.fit(twenty_train['data'])

count_words = CountVectorizer(analyzer='word',
                              ngram_range=(2,2),
                              max_features=10,
                              stop_words='english')

count_words.fit(twenty_train['data'])

X = count_chars.transform(twenty_train.data)

print(count_chars.get_feature_names())
print(X[1].todense())
print(count_words.get_feature_names())
```

Nesse caso, o parâmetro `analyzer` determina como a aplicação cria os n-gramas. Você pode escolher palavras (`word`), caracteres (`char`) ou caracteres dentro de limites de palavras (`char_wb`). O parâmetro `ngram_range` requer duas entradas em forma de tuplas: a primeira determina o tamanho mínimo do n-grama, e a segunda determina seu tamanho máximo. O terceiro argumento, `max_features`, determina quantos atributos o vetorizador retorna. Na segunda chamada do vetorizador, o argumento `stop_words` remove os termos contidos no arquivo pickle de inglês. A essa altura, a aplicação encaixa os dados no algoritmo de transformação.

NESTE CAPÍTULO

» Relacionando os problemas de data science e dados

» Definindo e usando a criação de atributos para seu benefício

» Trabalhando com arrays

Capítulo 9

Colocando em Prática o que Você Sabe

Os capítulos anteriores foram preparatórios. Você descobriu como realizar tarefas essenciais de data science usando Python. Além disso, trabalhou um pouco com as várias ferramentas fornecidas pelo Python para facilitar as tarefas de data science. Toda essa informação é essencial, mas não ajuda a enxergar o todo — onde todas as peças se encaixam. Este capítulo não é o fim da jornada — é o começo. Ele mostra como empregar as técnicas descobertas nos capítulos anteriores para resolver problemas reais de data science.

Contextualizando Problemas e Dados

Colocar o problema no contexto correto é uma parte fundamental para desenvolver uma solução de data science para qualquer problema e dados associados. O data science é sem dúvida uma ciência aplicada, e abordagens manuais abstratas não funcionam muito bem de forma indiscriminada. Rodar um cluster Hadoop ou construir uma rede neural profunda são bons assuntos para puxar com seus colegas e mostram como você tem se saído bem em projetos de data science, mas talvez não forneçam o necessário para resolver o problema. Colocar o problema no contexto correto não é apenas uma questão de ponderar o uso de um certo algoritmo ou de transformar os dados de uma determinada maneira — é a arte de examinar criticamente o problema e os recursos disponíveis e criar um ambiente para resolvê-lo e obter uma solução desejada.

LEMBRE-SE

O ponto principal aqui é a solução *desejada*, porque algumas soluções indesejadas surgem no caminho e não contam o que é necessário — ou, às vezes, dão a resposta desejada, mas desperdiçam muito tempo e recursos.

Avaliando um problema de data science

Ao trabalhar em um problema de data science, comece considerando o objetivo e os recursos disponíveis para alcançá-lo. Os recursos são os dados, os recursos computacionais como memória disponível, CPUs e espaço em disco. No mundo real, ninguém lhe dará dados prontos e dirá para que realize análises neles. Na maior parte do tempo, os problemas são completamente novos, e as soluções terão que ser construídas do zero. Durante a primeira avaliação de um problema de data science, é preciso considerar o seguinte:

- **Os dados disponíveis em termos de acessibilidade, quantidade e qualidade.** Considere também os dados em termos de possíveis vieses que influenciariam ou até distorceriam suas características e conteúdos. Os dados nunca contêm verdades absolutas, apenas relativas que oferecem uma visão mais ou menos útil de um problema. Sempre esteja ciente da confiabilidade dos dados e aplique o raciocínio crítico como parte da análise.
- **Os métodos viáveis de se usar para analisar o conjunto de dados.** Considere se os métodos são simples ou complexos e o quanto conhece de uma metodologia específica. Comece usando abordagens simples e nunca se apaixone por uma técnica em particular. Tudo tem um preço, e nada é imutável no data science.

» **As perguntas a que pretende responder com a realização da análise e como medir quantitativamente se conseguiu uma resposta satisfatória para elas.** "Aquilo que não se pode medir não se pode melhorar", afirmou Lorde Kelvin. Se conseguir medir o desempenho, pode determinar o impacto do seu trabalho e até fazer uma estimativa monetária. Os investidores ficarão satisfeitos em saber que você descobriu o que fazer e quais benefícios serão possibilitados pelo seu projeto de data science.

Considerando a Arte da Criação de Atributos

Para algumas pessoas, a criação de atributos parece mágica ou experimento de cientista maluco, mas ela tem uma base matemática sólida. A tarefa é pegar dados existentes e transformá-los em algo com que consiga trabalhar para realizar uma análise. Por exemplo, os dados numéricos aparecem como strings na fonte de dados original. Para realizar uma análise, em muitos casos é preciso converter a string de dados em valores numéricos. O objetivo imediato da criação de atributos é conseguir um desempenho melhor dos algoritmos usados para realizar a análise do que conseguiria ao usar os dados originais.

Em muitos casos, a transformação não é tão direta. Pode ser preciso combinar valores de alguma forma ou realizar operações matemáticas neles. A informação acessada aparece em todos os formatos, e o processo de transformação possibilita trabalhar com os dados de novos jeitos, para ver padrões neles.

Combinando variáveis

Os dados geralmente vêm em formatos que não funcionam para um algoritmo. Considere uma situação real simples, em que precise determinar se uma pessoa consegue levantar uma tábua em um depósito de madeira. Você recebe duas tabelas de dados. A primeira contém a altura, a largura, a espessura e o tipo da madeira das tábuas. A segunda contém uma lista de tipos de madeira e a quantidade de peso por board-foot (um pedaço de madeira de 12x12x1 polegadas). Nem todo tipo de madeira tem todos os tamanhos, e alguns lotes não estão marcados, então não se sabe qual é o tipo de madeira com que se trabalha. O objetivo é criar uma previsão para que a empresa saiba quantas pessoas colocar para trabalhar na expedição.

Nesse caso, você cria um conjunto de dados bidimensional combinando as variáveis. O conjunto resultante contém apenas dois atributos. O primeiro atributo possui apenas o comprimento das tábuas. É razoável esperar que uma única pessoa carregue uma tábua que tenha até 10 pés (3 metros) de comprimento, mas é melhor que duas pessoas carreguem uma tábua com três metros ou mais. Uma tábua com 10 pés de comprimento, 12 polegadas de largura e 2 polegadas de espessura contém 20 board-feet. Se ela for feita de pinus ponderosa (com uma classificação de board-foot, BFR, de 2,67), o peso geral da tábua será de 53,4 libras — uma pessoa provavelmente conseguiria levantá-la. No entanto, quando a tábua é feita de nogueira (com um BFR de 4,25), o peso geral é de 85 libras. A não ser que trabalhe com o Hulk, você precisará de duas pessoas para levantar essa tábua, mesmo ela sendo curta o bastante para que uma única pessoa a levante.

É fácil obter o primeiro atributo para o conjunto de dados. Basta saber os comprimentos de cada tábua no estoque. Já o segundo atributo precisa da combinação de variáveis de ambas as tabelas:

```
Comprimento (pés) * Largura (pés) * Espessura
   (polegadas) * BFR
```

O conjunto de dados resultante conterá o peso de cada comprimento e o tipo de madeira no estoque. Com essas informações, crie um modelo que preveja se uma tarefa específica requer uma, duas ou até três pessoas para ser realizada.

Entendendo a compartimentalização e a discretização

Para fazer alguns tipos de análise, é preciso separar valores numéricos em classes. Por exemplo, um conjunto de dados que inclua entrada para pessoas de idades entre 0 e 80 anos. Para derivar estatísticas que funcionem nesse caso (como rodar o algoritmo de Naïve Bayes), é preciso visualizar a variável como uma série de níveis em incrementos de dez anos. O processo de separar o conjunto de dados nesses incrementos é a *compartimentalização*. Cada bin é uma categoria numérica que pode ser usada.

A compartimentalização melhora a precisão dos modelos preditivos reduzindo o ruído ou ajudando a não linearidade do modelo. Além disso, possibilita a identificação fácil de *outliers* (valores fora do limite esperado) e valores inválidos ou ausentes de variáveis numéricas.

A compartimentalização funciona exclusivamente com atributos numéricos únicos. A *discretização* é um processo mais complexo em que colocamos combinações de valores de atributos diferentes em um bucket (repositório) — limitando o número de estados em qualquer bucket. Ao contrário da compartimentalização, a discretização funciona com valores numéricos e strings. É um método mais generalizado de criar categorias. Por exemplo, você pode obter uma discretização como um subproduto de uma análise de cluster (agrupamento).

Usando variáveis indicadoras

As *variáveis indicadoras* são atributos que recebem um valor 0 ou 1. Elas também são chamadas de variáveis dummy (falsas). Não importa como as chame, essas variáveis servem ao propósito de facilitar o trabalho com os dados. Por exemplo, se quiser criar um conjunto de dados em que indivíduos abaixo de 25 anos sejam tratados de uma forma e aqueles com 25 anos ou mais, de outra, substitua o atributo idade por uma variável indicadora que contenha um 0 quando o indivíduo tiver menos de 25 anos e 1 se tiver 25 anos ou mais.

DICA

Usar uma variável indicadora possibilita a realização de análise mais rápida e categoriza casos com maior precisão do que sem ela. A variável indicadora remove nuances do conjunto de dados. Ou alguém tem menos de 25 anos ou tem 25 anos ou mais — não há um meio-termo. Como os dados são simplificados, o algoritmo realiza a tarefa mais rápido, e você terá de lutar contra menos ambiguidades.

Transformando as distribuições

Uma *distribuição* é uma organização dos valores de uma variável que mostra a frequência da ocorrência desses valores. Depois de saber como eles estão distribuídos, é possível entendê-los melhor. Existem diversos tipos de distribuições, e a maioria dos algoritmos consegue lidar com elas facilmente. Contudo, devemos relacionar o algoritmo à distribuição.

CUIDADO

Preste atenção especial às distribuições uniformes e assimétricas. Elas são bem difíceis de lidar por motivos diferentes. A curva de sino, a distribuição normal, sempre será sua amiga. Quando vir uma distribuição com forma diferente de uma distribuição de sino, pense bem em fazer uma transformação.

Ao trabalhar com distribuições, às vezes os valores apresentam alguma assimetria e, por causa deles, qualquer algoritmo aplicado ao conjunto produz uma saída que simplesmente não corresponde às expectativas. Transformar uma distribuição significa aplicar algum tipo de função aos valores para alcançar objetivos específicos, como fixar o viés dos dados para que a saída do algoritmo seja mais próxima do esperado. Além disso, a transformação deixa a distribuição mais acessível, como quando um conjunto de dados é transformado para que se pareça com uma distribuição normal. As transformações típicas dos atributos numéricos são:

- » Logaritmica `np.log(x)` e exponencial `np.exp(x)`.
- » Inversa `1/x`, raiz quadrada `np.sqrt(x)` e raiz cúbica `x**(1.0/3.0)`.
- » Transformações polinomiais como, `x**2`, `x**3`, e assim por diante.

Realizando Operações em Arrays

Uma forma básica de manipulação de dados é colocá-los em um array, ou matriz, e usar técnicas padrões com base matemática para modificar sua forma. Essa abordagem coloca os dados em um formato conveniente para realizar outras operações feitas no nível de cada observação individual, como em iterações, pois se beneficiam da arquitetura do computador e das rotinas numéricas otimizadas de álgebra linear presentes em CPUs. Essas rotinas são chamáveis a partir de todo sistema operacional. Quanto maiores os dados e os cálculos, mais tempo se economiza. Além disso, o uso dessas técnicas também o poupa de escrever código Python longo e complexo.

Usando a vetorização

O computador fornece rotinas de cálculo poderosas, que você pode usar quando os dados estiverem no formato certo. A `ndarray` do NumPy é uma estrutura de armazenamento de dados que funciona como uma tabela de dados dimensional. Na verdade, ela pode ser usada como um cubo ou até um hipercubo, quando houver mais de três dimensões.

O uso de `ndarray` facilita e acelera os cálculos. O exemplo a seguir cria um conjunto de dados de três observações com sete atributos para cada observação. Nesse caso, o exemplo obtém o valor máximo para cada observação e o subtrai do valor mínimo para obter o intervalo de valores para cada observação.

```
import numpy as np
dataset = np.array([[2, 4, 6, 8, 3, 2, 5],
                    [7, 5, 3, 1, 6, 8, 0],
                    [1, 3, 2, 1, 0, 0, 8]])
print(np.max(dataset, axis=1) - np.min(dataset, axis=1))
```

A declaração print obtém o valor máximo de cada observação usando `np.max()` e depois o subtrai do valor mínimo usando `np.min()`. O valor máximo em cada observação é `[8 8 8]`, e o valor mínimo para cada observação é `[2 0 0]`. Como resultado, obtemos a saída a seguir:

```
[6 8 8]
```

Realizando aritmética simples em vetores e matrizes

A maioria das operações e funções do NumPy aplicadas a arrays tira vantagem da vetorização, portanto, elas são rápidas e eficientes — muito mais do que qualquer outra solução ou código feito manualmente. Mesmo as operações mais simples, como somas e divisões, beneficiam-se da vetorização.

Por exemplo, muitas vezes, a forma dos dados no conjunto não corresponde à necessária. Uma lista de números poderia representar as porcentagens em números inteiros quando, na verdade, os valores devem estar fracionados. Nesse caso, em geral é possível realizar algum tipo de cálculo para resolver o problema, como mostrado aqui:

```
import numpy as np
a = np.array([15.0, 20.0, 22.0, 75.0, 40.0, 35.0])
a = a*.01
print(a)
```

O exemplo cria um array, preenche-o com porcentagens de números inteiros e depois usa um multiplicador 0,01 para criar porcentagens fracionadas. Assim, multiplicar esses valores fracionados por outros números determina como a porcentagem afeta tal número. A saída desse exemplo é:

```
[0.15 0.2 0.22 0.75 0.4 0.35]
```

Multiplicando vetores por matrizes

As operações mais eficazes de vetorização são manipulações de matrizes em que somamos e multiplicamos diversos valores por outros. O NumPy facilita a multiplicação de um vetor por uma matriz, o que é útil se tiver que estimar um valor para cada observação como uma soma ponderada dos atributos. Veja um exemplo dessa técnica:

```
import numpy as np
a = np.array([2, 4, 6, 8])
b = np.array([[1, 2, 3, 4],
              [2, 3, 4, 5],
              [3, 4, 5, 6],
              [4, 5, 6, 7]])
c = np.dot(a, b)
print(c)
```

Note que o `array` formatado como vetor deve aparecer antes do `array` formatado como matriz na multiplicação, caso contrário, ocorrerá um erro. O exemplo exibe esses valores:

```
[60 80 100 120]
```

Para obter os valores exibidos, multiplique cada valor no `array` pela `column` correspondente na matriz; isto é, multiplique o primeiro valor no `array` pela primeira coluna, primeira linha da `matrix`. Por exemplo, o primeiro valor na saída é 2 * 1 + 4 * 2 + 6 * 3 + 8 * 4, que é igual a 60.

Multiplicando matrizes

Você também pode multiplicar uma matriz por outra. Nesse caso, a saída é o resultado da multiplicação de linhas da primeira matriz pelas colunas da segunda. Veja um exemplo de como multiplicar uma matriz NumPy por outra:

```
import numpy as np

a = np.array([[2, 4, 6, 8],
```

```
                  [1, 3, 5, 7]])
b = np.array ([[1, 2],
                  [2, 3],
                  [3, 4],
                  [4, 5]])
c = np.dot(a, b)
print(c)
```

Nesse caso, acabamos com uma matriz 2 x 2 como resultado. Veja os valores que devem aparecer ao rodar a aplicação:

```
[[60 80]
 [50 66]]
```

Cada linha na primeira matriz é multiplicada pelas colunas da segunda. Por exemplo, para obter o valor 50 exibido na linha 2 coluna 1 da saída, correspondemos os valores na linha 2 da matriz `a` com a coluna 1 da matriz `b`, desta forma: 1 * 1 + 3 * 2 + 5 * 3 + 7 * 4.

3

Visualizando Informações

NESTA PARTE...

Instale e use o MatPlotLib.

Crie e utilize vários tipos de apresentações de dados.

NESTE CAPÍTULO

» Criando um gráfico básico

» Documentando o gráfico com rótulos, anotações e legendas

Capítulo 10

Fazendo um Curso Intensivo de MatPlotLib

A maioria das pessoas visualiza melhor as informações quando as vê em forma de gráfico, em vez de texto. Os gráficos mostram relações e fazem comparações com maior facilidade, e mesmo que você não tenha dificuldade em lidar com a abstração dos dados textuais, a análise de dados é uma questão de comunicação. A não ser que suas ideias sejam comunicadas para outras pessoas, o ato de obter, moldar e analisar os dados tem pouco valor além das necessidades pessoais. Felizmente, o Python facilita um pouco a tarefa de converter os dados textuais em gráficos com o uso do MatPlotLib, uma simulação da aplicação MATLAB.

DICA

Se já sabe usar o MATLAB (veja *MATLAB Para Leigos*, publicado pela Alta Books, se quiser aprender), trabalhar com o MatPlotLib será relativamente fácil, pois ambos usam o mesmo tipo de máquina de estado para realizar tarefas e têm métodos similares para definir elementos gráficos. Várias pessoas acham que o MatPlotLibe é superior ao MATLAB porque executa mais tarefas com menos código ao trabalhar com o MatPlotLib. Outras notaram que a transição do MATLAB para o MatPlotLib é relativamente simples. Mas o mais importante é o que você acha. Você pode descobrir que gosta de fazer experimentos com os dados usando o MATLAB e depois criar aplicações com base nas descobertas usando o Python e o MatPlotLib. É uma questão pessoal, não há uma resposta certa ou errada.

Começando com um Gráfico

Um gráfico ou diagrama é simplesmente uma representação visual de dados numéricos. O MatPlotLib disponibiliza diversos tipos de gráficos e diagramas. É claro que você pode escolher qualquer tipo de gráfico, comum ou não, como gráficos de barra, gráficos de linha ou gráficos de pizza. Como no MATLAB, há um grande número de tipos de diagramas estatísticos disponíveis, como diagramas de caixa, barras de erro e histogramas. Contudo, é importante lembrar que as possibilidades de combinação dos elementos gráficos para uma apresentação de dados são quase infinitas, apesar da complexidade deles.

Definindo o diagrama

Os diagramas mostram na forma gráfica o que foi definido numericamente. Para definir um diagrama, são necessários alguns valores, o módulo `matplotlib.pyplot` e alguma noção do que deseja exibir, como mostra o código a seguir.

```
import matplotlib.pyplot as plt
%matplotlib inline

values = [1, 5, 8, 9, 2, 0, 3, 10, 4, 7]
plt.plot(range(1,11), values)
plt.show()
```

Nesse caso, o código informa à função `plt.plot()` para criar um diagrama usando valores do eixo x entre 1 e 11 e valores do eixo y como

aparecerem. A chamada de `plot.show()` exibe o diagrama em uma caixa de diálogo separada, como mostra a Figura 10-1. Note que a saída é um gráfico de linha.

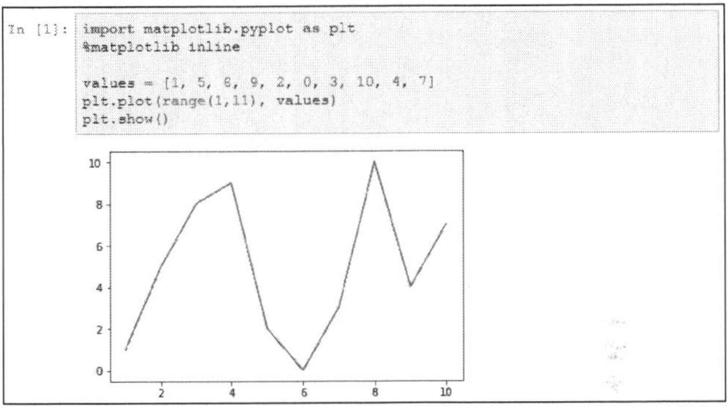

FIGURA 10-1: Criando um diagrama básico que mostra apenas uma linha.

Desenhando várias linhas e diagramas

Encontramos muitas situações nas quais usar várias linhas de gráficos, como quando comparar dois conjuntos de valores. Para criar tais diagramas usando MalPlotLib, simplesmente chame `plt.plot()` várias vezes — uma para cada linha, como mostra o exemplo a seguir.

```
import matplotlib.pyplot as plt
%matplotlib inline

values = [1, 5, 8, 9, 2, 0, 3, 10, 4, 7]
values2 = [3, 8, 9, 2, 1, 2, 4, 7, 6, 6]
plt.plot(range(1,11), values)
plt.plot(range(1,11), values2)
plt.show()
```

Ao executar esse exemplo, duas linhas diagramadas serão exibidas, como mostra a Figura 10-2. Embora a impressão do livro não mostre, as linhas são de cores diferentes, para que seja possível diferenciá-las.

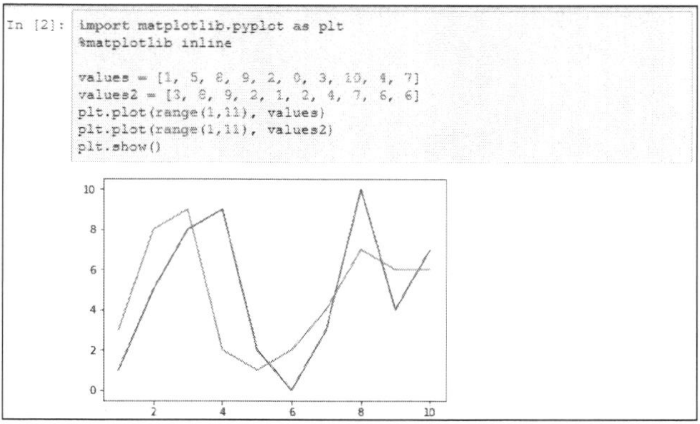

FIGURA 10-2: Definindo um diagrama que contém várias linhas.

Estabelecendo os Eixos, as Marcas e as Grades

É difícil saber o que os dados de fato significam a não ser que uma unidade de medida seja indicada, ou pelo menos alguns meios de fazer comparações. O uso de eixos, marcas e grades possibilita ilustrar graficamente o tamanho relativo de elementos dos dados para que o observador possa ver medidas comparativas. Esses atributos não serão utilizados com todos os gráficos, e é possível empregá-los de maneiras diferentes com base nas necessidades do observador, mas é importante saber que eles existem e como usá-los para documentar os dados dentro do ambiente gráfico.

Obtendo os eixos

Os eixos definem os planos x e y do gráfico. O eixo x é horizontal, e o y, vertical. Em muitos casos, permita que o MatPlotLib realize qualquer formação desejada. Às vezes é preciso obter acesso aos eixos e formatá-los manualmente. O código a seguir mostra como ter acesso aos eixos de um diagrama:

```
import matplotlib.pyplot as plt
%matplotlib notebook

values = [0, 5, 8, 9, 2, 0, 3, 10, 4, 7]
ax = plt.axes()
plt.plot(range(1,11), values)
plt.show()
```

Formatando os eixos

Em muitos casos, simplesmente exibir os eixos não é o bastante. É preciso mudar o modo como o MatPlotLib os exibe. Por exemplo, você talvez não queira que o valor mais alto, t, chegue ao topo do gráfico. O exemplo a seguir mostra apenas um pequeno número de tarefas que podem ser realizadas depois que se tem acesso aos eixos:

```
import matplotlib.pyplot as plt
%matplotlib notebook

values = [0, 5, 8, 9, 2, 0, 3, 10, 4, 7]
ax = plt.axes()
ax.set_xlim([0, 11])
ax.set_ylim([-1, 11])
ax.set_xticks([1, 2, 3, 4, 5, 6, 7, 8, 9, 10])
ax.set_yticks([0, 1, 2, 3, 4, 5, 6, 7, 8, 9, 10])
plt.plot(range(1,11), values)
plt.show()
```

Nesse caso, as chamadas a `set_xlim()` e `set_ylim()` mudam os limites dos eixos — o comprimento de cada um, e as chamadas a `set_xticks()` e `set_yticks()` mudam as marcas usadas para exibir os dados. Há muitos detalhes quanto a mudar um gráfico usando essas chamadas. Por exemplo, é possível escolher mudar rótulos individuais de marcas. A Figura 10-3 mostra a saída desse exemplo. Note como as mudanças afetam a exibição das linhas do gráfico.

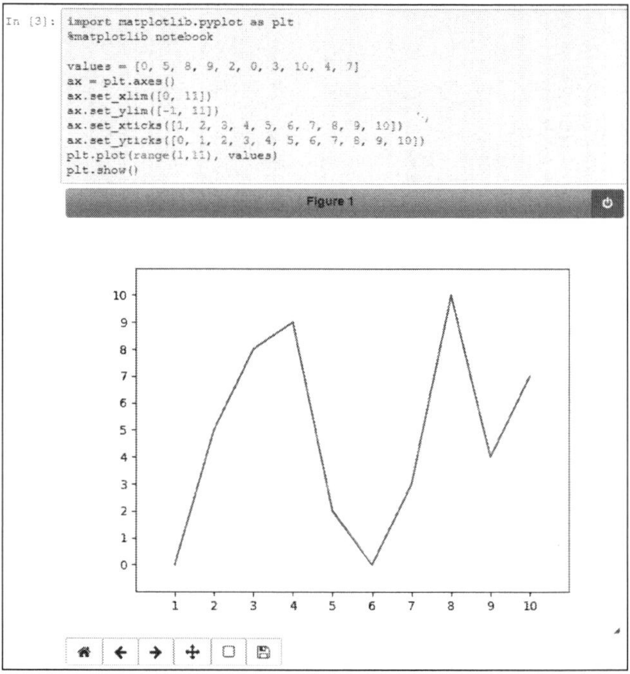

FIGURA 10-3: Especificando como os eixos apareceriam para o observador.

Acrescentando as grades

As linhas de grade permitem a visualização do valor exato de cada elemento de um gráfico. Você pode determinar mais rapidamente as coordenadas x e y, que possibilitam realizar comparações de pontos individuais com maior facilidade. É claro que as grades também acrescentam ruídos e dificultam que se veja o fluxo de dados. O ponto é que é possível utilizá-las de maneira eficaz para criar efeitos específicos.

```
import matplotlib.pyplot as plt
%matplotlib notebook

values = [0, 5, 8, 9, 2, 0, 3, 10, 4, 7]
```

```
ax = plt.axes()
ax.set_xlim([0, 11])
ax.set_ylim([-1, 11])
ax.set_xticks([1, 2, 3, 4, 5, 6, 7, 8, 9, 10])
ax.set_yticks([0, 1, 2, 3, 4, 5, 6, 7, 8, 9, 10])
ax.grid()
plt.plot(range(1,11), values)
plt.show()
```

Basta chamar a função `grid()`. Como em muitas outras funções MatPlotLib, adicione parâmetros para criar a grade do jeito que quiser vê-la. Por exemplo, escolha se quiser adicionar linhas de grade x, y ou ambas. A saída deste exemplo aparece na Figura 10-4. Nesse caso, a figura mostra o backend do notebook com a interação desativada.

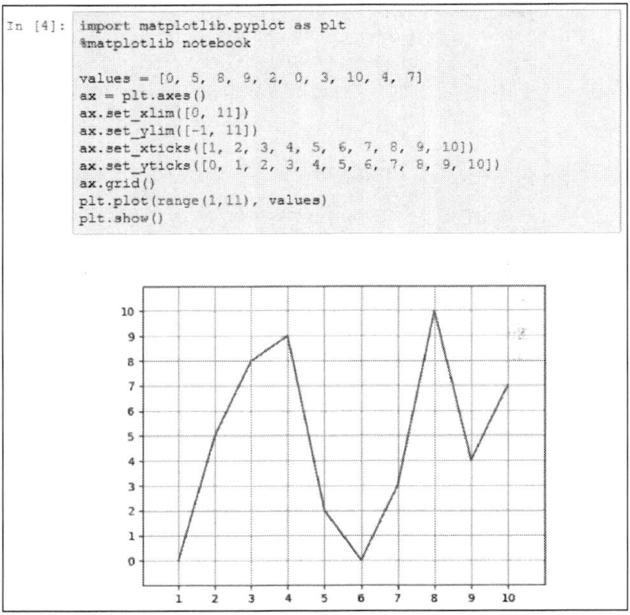

FIGURA 10-4: Acrescentar grades facilita a leitura dos valores.

Usando Rótulos, Anotações e Legendas

Para documentar o gráfico, recorra a rótulos, anotações e legendas. Cada um desses elementos tem um objetivo diferente, como a seguir:

- **Rótulo:** Fornece identificação positiva de um elemento de dado ou grupo específico. O objetivo é facilitar que o observador saiba o nome ou o tipo de dado ilustrado.
- **Anotação:** Aumenta a informação que o observador tem imediatamente sobre os dados, com notas, fontes e outras informações úteis. Em comparação com um rótulo, o propósito da anotação é ajudar a ampliar o conhecimento do observador sobre os dados, em vez de apenas identificá-los.
- **Legenda:** Apresenta uma listagem dos grupos de dados dentro do gráfico e geralmente fornece dicas (como o tipo ou cor da linha) para facilitar sua identificação. Por exemplo, todos os pontos vermelhos podem pertencer ao grupo A, enquanto todos os azuis, ao grupo B.

Adicionando rótulos

Os rótulos ajudam as pessoas a entender o significado de cada eixo em qualquer gráfico criado. Sem eles, os valores exibidos não têm significado algum. Além de um apelido, como chuva, você também pode acrescentar unidades de medida, como polegadas ou centímetros, para que o público saiba como interpretar os dados exibidos. O exemplo a seguir mostra como adicionar rótulos ao gráfico:

```
import matplotlib.pyplot as plt
%matplotlib inline

values = [1, 5, 8, 9, 2, 0, 3, 10, 4, 7]
plt.xlabel('Entries')
plt.ylabel('Values')
plt.plot(range(1,11), values)
plt.show()
```

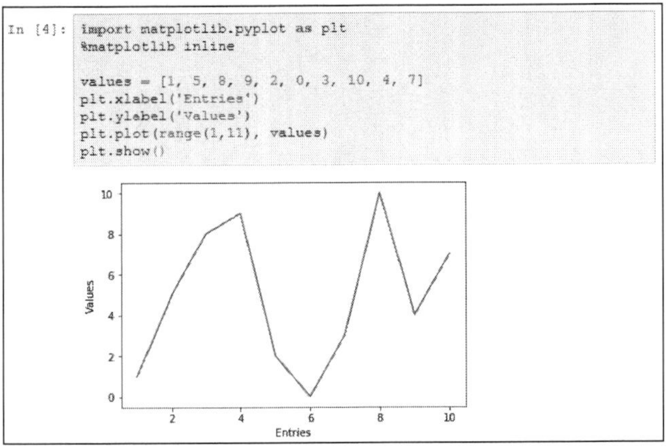

FIGURA 10-5: Use rótulos para identificar os eixos.

Fazendo anotações

Use as anotações para chamar a atenção para pontos de interesse em um gráfico. Por exemplo, você pode querer destacar que um ponto de dado específico está fora do intervalo normal esperado para um conjunto de dados em particular. O exemplo a seguir mostra como adicionar anotações em um gráfico.

```
import matplotlib.pyplot as plt
%matplotlib inline

values = [1, 5, 8, 9, 2, 0, 3, 10, 4, 7]
plt.annotate(xy=[1,1], s='First Entry')
plt.plot(range(1,11), values)
plt.show()
```

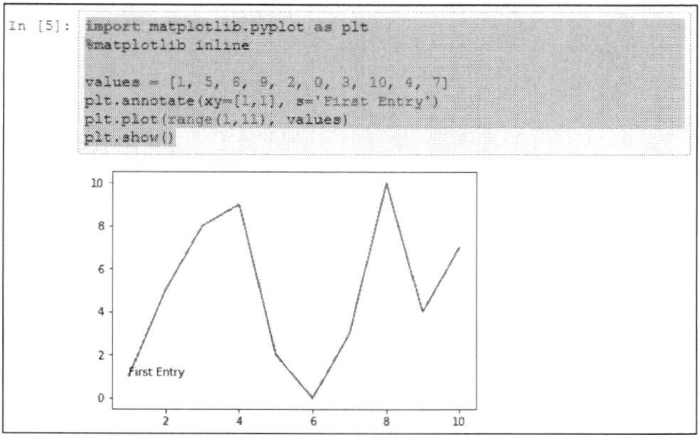

FIGURA 10-6: A anotação identifica pontos de interesse.

Criando uma legenda

Uma legenda documenta elementos individuais de um diagrama. Cada linha é apresentada em uma tabela que contém um rótulo para que as pessoas possam diferenciar cada uma delas. Por exemplo, uma linha pode representar as vendas de 2017, e outra, as de 2018, então inclua uma entrada na legenda para cada linha rotulada como 2017 e 2018. O exemplo a seguir mostra como adicionar uma legenda ao diagrama.

```
import matplotlib.pyplot as plt
%matplotlib inline

values = [1, 5, 8, 9, 2, 0, 3, 10, 4, 7]
values2 = [3, 8, 9, 2, 1, 2, 4, 7, 6, 6]
line1 = plt.plot(range(1,11), values)
line2 = plt.plot(range(1,11), values2)
plt.legend(['First', 'Second'], loc=4)
plt.show()
```

NESTE CAPÍTULO

» Selecionando o gráfico certo

» Trabalhando com diagramas de dispersão avançados

» Criando gráficos

Capítulo **11**

Visualizando os Dados

O Capítulo 10 explicou o mecanismo de trabalho com o MatPlotLib, que é um primeiro passo importante para usá-lo. Este capítulo dá mais um passo no uso do MatPlotLib para realizar um trabalho útil. O principal objetivo é ensiná-lo a visualizar os dados de diversas formas, e criar uma apresentação gráfica deles é essencial se quiser fazer com que as pessoas entendam o que está tentando dizer. Mesmo que, na sua cabeça, os números façam sentido, as outras pessoas provavelmente precisarão de gráficos para entender o ponto que você deseja explicitar com suas várias manipulações de dados.

Escolhendo o Gráfico Certo

O tipo de gráfico escolhido determina como as pessoas veem os dados associados, então escolher o gráfico certo desde o início é importante. Por exemplo, se quiser exibir como vários elementos de dados contribuem para um todo, use um gráfico de pizza. Por outro lado, quando quiser que as pessoas formem opiniões sobre como os elementos de dados são comparados, use um gráfico de barra. A ideia é escolher um gráfico que leve as pessoas a tirar as conclusões desejadas sobre os dados cuidadosamente manipulados de várias fontes.

Exibindo partes com gráficos de pizza

Os gráficos de pizza focam a exibição de partes de um todo. O gráfico de pizza inteiro seria 100%. A questão é quanto dessa porcentagem cada valor ocupa. O exemplo a seguir mostra como criar um gráfico de pizza com muitos dos atributos especiais estabelecidos:

```
import matplotlib.pyplot as plt
%matplotlib inline

values = [5, 8, 9, 10, 4, 7]
colors = ['b', 'g', 'r', 'c', 'm', 'y']
labels = ['A', 'B', 'C', 'D', 'E', 'F']
explode = (0, 0.2, 0, 0, 0, 0)

plt.pie(values, colors=colors, labels=labels,
        explode=explode, autopct='%1.1f%%',
        counterclock=False, shadow=True)
plt.title('Values')

plt.show()
```

A parte essencial do gráfico de pizza são os valores. Crie um gráfico básico usando apenas os valores como entrada.

O parâmetro `colors` possibilita a escolha de cores personalizadas para cada fatia da pizza. Use o parâmetro `labels` para identificá-las. Em muitos casos, é preciso fazer com que uma fatia se destaque das outras, então adicione o parâmetro `explode` com uma lista de valores explodidos. Um valor 0 mantém a fatia no lugar — qualquer outro define o afastamento da fatia do centro da pizza.

Cada fatia mostra vários tipos de informações. Esse exemplo exibe a porcentagem ocupada por cada fatia com o parâmetro `autopct`. Forneça uma string de formato para formatar as porcentagens.

> **DICA**
>
> Alguns parâmetros afetam como o gráfico de pizza é desenhado. Use `counterclock` para determinar a direção das fatias. O parâmetro `shadow` determina se a pizza tem uma sombra abaixo dela (para um efeito 3D). Encontre outros parâmetros em `https://matplotlib.org/api/pyplot_api.html` [conteúdo em inglês].

O gráfico precisa de um título, para que os outros saibam o que representa. Faça isso usando a função `title()`. A Figura 11-1 mostra a saída desse exemplo.

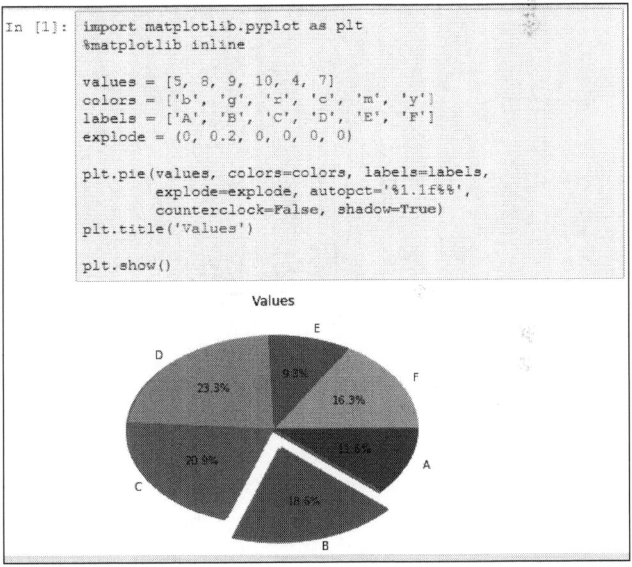

FIGURA 11-1: Os gráficos de pizza mostram uma porcentagem do todo.

Comparando com gráficos de barra

Os gráficos de barra facilitam a comparação de valores. As barras largas e as medidas segregadas enfatizam as diferenças entre os valores, em vez de fluir de um valor para o outro, como um gráfico de linhas faria. Felizmente, temos todos os tipos de métodos à disposição para enfatizar valores específicos e para realizar outros truques. O exemplo a seguir exibe só algumas das possibilidades para um gráfico de barras verticais.

```
import matplotlib.pyplot as plt
%matplotlib inline

values = [5, 8, 9, 10, 4, 7]
widths = [0.7, 0.8, 0.7, 0.7, 0.7, 0.7]
colors = ['b', 'r', 'b', 'b', 'b', 'b']
plt.bar(range(0, 6), values, width=widths,
        color=colors, align='center')

plt.show()
```

Mesmo para criar um gráfico básico, são necessarias uma série de coordenadas x e as alturas das barras. O exemplo usa a função `range()` para criar as coordenadas x e `values` contém as alturas.

É claro que um gráfico de barras básico pode não ser o bastante, e o MatPlotLib fornece várias formas de fazer isso. Nesse caso, o exemplo usa o parâmetro `width` para controlar a largura de cada barra, enfatizando a segunda barra deixando-a um pouco mais larga. A largura maior apareceria até mesmo em uma impressão em preto e branco. Ele também usa o parâmetro `color` para mudar a cor da barra-alvo para vermelho (o restante é azul).

Como em outros tipos de gráficos, o de barras fornece atributos especiais, que dão destaque à apresentação. O exemplo usa o parâmetro `align` para centralizar os dados na coordenada x (a posição padrão é à esquerda). Outros parâmetros são úteis, como o `hatch`, para melhorar a aparência visual do gráfico de barras. A Figura 11-2 mostra a saída desse exemplo.

```
In [2]: import matplotlib.pyplot as plt
        %matplotlib inline

        values = [5, 8, 9, 10, 4, 7]
        widths = [0.7, 0.8, 0.7, 0.7, 0.7, 0.7]
        colors = ['b', 'r', 'b', 'b', 'b', 'b']
        plt.bar(range(0, 6), values, width=widths,
                color=colors, align='center')

        plt.show()
```

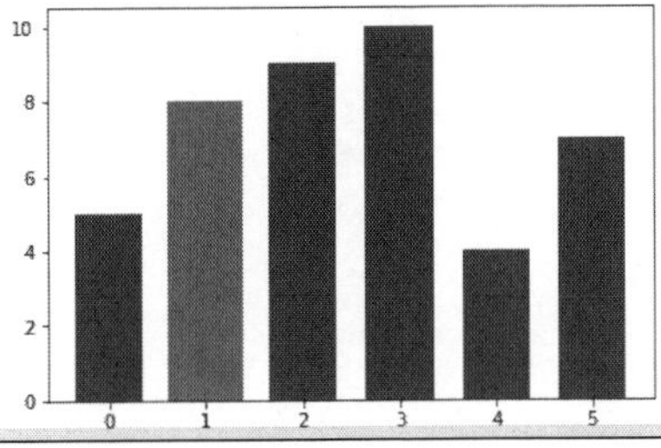

FIGURA 11-2: Os gráficos de barra facilitam as comparações.

Diagramas de Dispersão Avançados

Os diagramas de dispersão são especialmente importantes para o data science porque mostram os padrões de dados que não ficam óbvios quando são vistos de outras formas. Podemos ver agrupamentos de dados com certa facilidade e ajudar o observador a entender quando os dados pertencem a um grupo específico. Também podemos exibir sobreposições de grupos e até demonstrar quando certos dados estão fora do intervalo esperado. Exibir esses vários tipos de relações nos dados é uma técnica avançada, necessária para se usar o máximo do MatPlotLib.

Representando grupos

A cor é o terceiro eixo quando trabalhamos com um diagrama de dispersão. O uso da cor possibilita o destaque dos grupos para que outras pessoas possam vê-los com maior facilidade. O exemplo a seguir mostra como usar cores para exibir grupos dentro de um diagrama de dispersão:

```
import numpy as np
import matplotlib.pyplot as plt
%matplotlib inline

x1 = 5 * np.random.rand(50)
x2 = 5 * np.random.rand(50) + 25
x3 = 30 * np.random.rand(25)
x = np.concatenate((x1, x2, x3))

y1 = 5 * np.random.rand(50)
y2 = 5 * np.random.rand(50) + 25
y3 = 30 * np.random.rand(25)
y = np.concatenate((y1, y2, y3))

color_array = ['b'] * 50 + ['g'] * 50 + ['r'] * 25

plt.scatter(x, y, s=[50], marker='D', c=color_array)
plt.show()
```

Exibindo correlações

Em alguns casos, é preciso conhecer a direção geral que os dados estão tomando ao observar um diagrama de dispersão. Mesmo que crie uma representação elucidativa dos grupos, a direção exata dos dados como um todo nem sempre é clara. Nesse caso, adicione uma linha de tendência à saída.

```
import numpy as np
import matplotlib.pyplot as plt
import matplotlib.pylab as plb
%matplotlib inline

x1 = 15 * np.random.rand(50)
x2 = 15 * np.random.rand(50) + 15
x3 = 30 * np.random.rand(25)
```

```
x = np.concatenate((x1, x2, x3))

y1 = 15 * np.random.rand(50)
y2 = 15 * np.random.rand(50) + 15
y3 = 30 * np.random.rand(25)
y = np.concatenate((y1, y2, y3))

color_array = ['b'] * 50 + ['g'] * 50 + ['r'] * 25
plt.scatter(x, y, s=[90], marker='*', c=color_array)
z = np.polyfit(x, y, 1)
p = np.poly1d(z)
plb.plot(x, p(x), 'm-')

plt.show()
```

Adicionar uma linha de tendência significa chamar a função `polyfit()` do NumPy com os dados, que retorna um vetor de coeficientes, `p`, que minimizam o erro dos mínimos quadrados. (A regressão dos mínimos quadrados é um método para encontrar uma linha que resuma a relação entre duas variáveis, `x` e `y`. Nesse caso, pelo menos dentro do domínio da variável explanatória `x`. O terceiro parâmetro `polyfit()` expressa o grau do encaixe polinomial.)

Visualizando Grafos

Um *grafo* é uma representação de dados exibindo as conexões entre os pontos de dados usando linhas. O propósito é mostrar que alguns pontos de dados se relacionam a outros, mas não a todos os que aparecem no grafo. Pense em um mapa do sistema de metrô. Cada uma das estações se conecta a outras, mas nenhuma se conecta a todas as estações no sistema. Os grafos são um tópico popular de data science devido ao uso em análises de mídias sociais. Ao realizar essas análises, representamos e analisamos redes de relacionamentos, como conexões de amigos ou colegas de trabalho, de redes sociais como Facebook, Google+, Twitter ou LinkedIn.

LEMBRE-SE

As duas representações comuns dos grafos são *não direcionadas*, quando o grafo simplesmente mostra linhas entre elementos de dados, e *direcionadas*, quando setas são adicionadas à linha exibida para mostrar que os dados fluem em uma direção específica. Por exemplo, considere uma descrição de uma rede de abastecimento de água. A água fluiria apenas em uma direção, na maioria dos casos, então um grafo direcionado não apenas representa as conexões entre as fontes e os alvos para a água, mas também mostra a direção da água usando setas.

Desenvolvendo grafos não direcionados

Como já afirmado, um grafo não direcionado simplesmente mostra as conexões entre os nodos. A saída não fornece uma direção de um nodo para o outro. Por exemplo, ao estabelecer a conectividade entre páginas web, não há uma direção implícita. O exemplo seguinte mostra como criar um grafo não direcionado:

```
import networkx as nx
import matplotlib.pyplot as plt
%matplotlib inline

G = nx.Graph()
H = nx.Graph()
G.add_node(1)
G.add_nodes_from([2, 3])
G.add_nodes_from(range(4, 7))
H.add_node(7)
G.add_nodes_from(H)
```

```
G.add_edge(1, 2)
G.add_edge(1, 1)
G.add_edges_from([(2,3), (3,6), (4,6), (5,6)])
H.add_edges_from([(4,7), (5,7), (6,7)])
G.add_edges_from(H.edges())

nx.draw_networkx(G)
plt.show()
```

O modo mais fácil de adicionar um nodo é chamar `add_node()` com um número de nodo. Adicione uma lista, um dicionário ou um `range()` de nodos usando `add_nodes_from()`. Se quiser, importe nodos de outros grafos.

LEMBRE-SE

Embora os nodos usados no exemplo dependam de números, não é preciso usá-los nos nodos. Um nodo pode usar uma única letra, uma string ou até mesmo uma data. Os nodos têm algumas restrições. Por exemplo, não é possível criar um nodo usando um valor Booleano.

Os nodos não têm nenhuma conectividade no princípio. Você deve definir as conexões (arestas) entre eles. Para adicionar uma única aresta, chame `add_edge()` com os números de nodos que quer adicionar. Como nos nodos, `add_edges_from()` cria mais de uma aresta usando uma lista, um dicionário ou outro grafo como entrada. A Figura 11-3 mostra a saída desse exemplo (talvez sua saída seja levemente diferente, mas deve ter as mesmas conexões).

```
In [12]: import networkx as nx
         import matplotlib.pyplot as plt
         %matplotlib inline

         G = nx.Graph()
         H = nx.Graph()
         G.add_node(1)
         G.add_nodes_from([2, 3])
         G.add_nodes_from(range(4, 7))
         H.add_node(7)
         G.add_nodes_from(H)

         G.add_edge(1, 2)
         G.add_edge(1, 1)
         G.add_edges_from([(2,3), (3,6), (4,6), (5,6)])
         H.add_edges_from([(4,7), (5,7), (6,7)])
         G.add_edges_from(H.edges())

         nx.draw_networkx(G)
         plt.show()
```

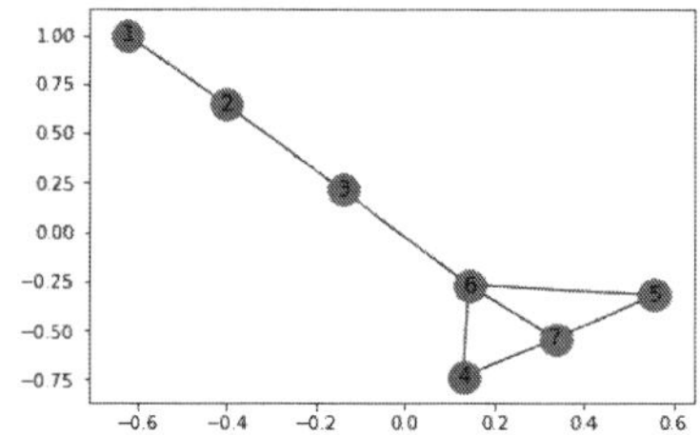

FIGURA 11-3: Grafos não direcionados conectam nodos para formar padrões.

Desenvolvendo grafos direcionados

Use grafos direcionados quando precisar mostrar uma direção, do ponto inicial ao final, por exemplo. Quando tiver um mapa que mostra como ir de um ponto específico a outro, o nodo inicial e o nodo final são marcados como tais, e as linhas entre eles (e todos os nodos intermediários) mostram a direção.

DICA

Os grafos não precisam ser chatos. Enfeite-os de vários jeitos, para que o observador obtenha informações adicionais de diferentes formas. Por exemplo, é possível criar rótulos personalizados, usar cores específicas para certos nodos ou depender das cores para ajudar as pessoas a ver o significado por trás dos grafos. Você também pode mudar o peso da linha da aresta e usar outras técnicas para marcar um caminho específico entre os nodos como a melhor escolha. O exemplo a seguir mostra muitas (mas não todas) formas de enfeitar um grafo direcionado e deixá-lo mais interessante:

```
import networkx as nx
import matplotlib.pyplot as plt
%matplotlib inline

G = nx.DiGraph()

G.add_node(1)
G.add_by nodes_from([2, 3])
G.add_nodes_from(range(4, 6))
G.add_path([6, 7, 8])

G.add_edge(1, 2)
G.add_edges_from([(1,4), (4,5), (2,3), (3,6), (5,6)])

colors = ['r', 'g', 'g', 'g', 'g', 'm', 'm', 'r']
labels = {1:'Start', 2:'2', 3:'3', 4:'4',
          5:'5', 6:'6', 7:'7', 8:'End'}
sizes = [800, 300, 300, 300, 300, 600, 300, 800]

nx.draw_networkx(G, node_color=colors, node_shape='D',
                 with_labels=True, labels=labels,
                 node_size=sizes)
plt.show()
```

O exemplo começa criando um grafo direcional usando o construtor `DiGraph()`. Observe que o pacote NetworkX também suporta os tipos de grafo `MultiGraph()` e `MultiDiGraph()`, entre outros.

A adição de nodos é parecida com a feita em grafos não direcionais. Adicione nodos individuais usando `add_node()` e múltiplos usando `add_nodes_from()`. A chamada `add_path()` possibilita criar nodos e arestas ao mesmo tempo. A ordem dos nodos na chamada é importante. O fluxo de um nodo para o outro é da esquerda para a direita na lista fornecida para a chamada.

LEMBRE-SE

A adição de arestas é como a feita em grafos não direcionais. Usar `add_edge()` adiciona uma única aresta, e `add_edges_from()` adiciona várias. Mas a ordem dos números dos nodos é importante. O fluxo vai do nodo do lado esquerdo ao do lado direito em cada par.

Esse exemplo adiciona cores, rótulos, formas (apenas uma é usada) e tamanhos especiais aos nodos na saída, e chamar `draw_networkx()` também realiza a tarefa. No entanto, a adição dos parâmetros exibidos muda a aparência do grafo. Note que `with_labels` deve ser `True` para ver os rótulos fornecidos pelo parâmetro `labels`. A Figura 11-4 mostra a saída desse exemplo.

```
In [13]: import networkx as nx
         import matplotlib.pyplot as plt
         %matplotlib inline

         G = nx.DiGraph()

         G.add_node(1)
         G.add_nodes_from([2, 3])
         G.add_nodes_from(range(4, 6))
         G.add_path([6, 7, 8])

         G.add_edge(1, 2)
         G.add_edges_from([(1,4), (4,5), (2,3), (3,6), (5,6)])

         colors = ['r', 'g', 'g', 'g', 'g', 'm', 'm', 'r']
         labels = {1:'Start', 2:'2', 3:'3', 4:'4',
                   5:'5', 6:'6', 7:'7', 8:'End'}
         sizes = [800, 300, 300, 300, 300, 600, 300, 800]

         nx.draw_networkx(G, node_color=colors, node_shape='D',
                          with_labels=True, labels=labels,
                          node_size=sizes)
         plt.show()
```

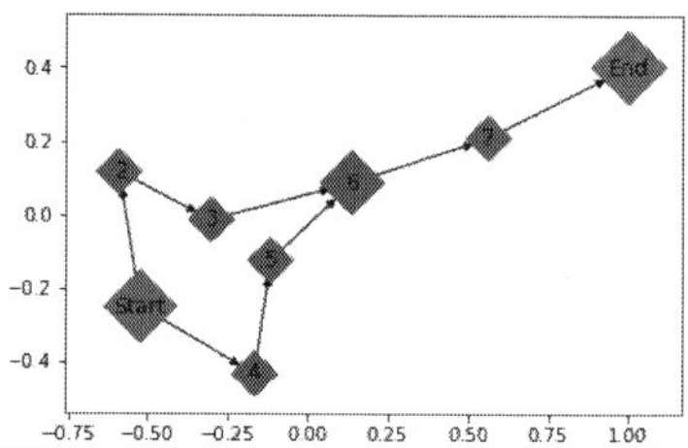

FIGURA 11-4: Use grafos direcionados para exibir a direção entre os nodos.

4

Manipulando Dados

NESTA PARTE...

Instale e use vários pacotes de data science.

Realize análise de dados.

Reduza as dimensões dos dados em um conjunto de dados.

Agrupe dados em conjunto de dados.

Melhore a credibilidade com a detecção de outliers.

NESTE CAPÍTULO

» **Entendendo como o Scikit-learn trabalha com classes**

» **Usando matrizes esparsas e o truque do hashing**

» **Economizando tempo com algoritmos multicore**

Capítulo **12**

Ampliando as Capacidades do Python

Se você passou pelos capítulos anteriores, a esta altura já lidou com todos os métodos básicos de carregamento e de manipulação de dados oferecidos pelo Python. Agora é hora de usar alguns instrumentos mais complexos para manipulação de dados e para o aprendizado de máquina. O passo final para a maioria dos projetos de data science é construir uma ferramenta capaz de resumir, prever e recomendar automaticamente de modo direto a partir dos dados.

Antes de dar o passo final, ainda é preciso processar os dados impondo transformações ainda mais radicais. Essa é a parte da *manipulação de dados*, em que transformações sofisticadas são seguidas por explorações visuais e estatísticas, e então por mais transformações.

Brincando com o Scikit-learn

Às vezes, a melhor maneira de descobrir como usar algo é passar um tempo brincando. Quanto mais complexa é a ferramenta, mais importante é brincar com ela. Dadas as tarefas matemáticas complexas realizadas usando Scikit-learn, brincar passa a ser excepcionalmente importante.

Entendendo as classes no Scikit-learn

Entender como as classes funcionam é um pré-requisito importante para ser capaz de usar o pacote Scikit-learn de forma adequada. O Scikit-learn é o pacote para aprendizado de máquina e experimentação de data science favorito da maioria dos cientistas de dados, e ele contém uma ampla variedade de algoritmos de aprendizado, funções de erro e procedimentos de teste bem estabelecidos.

Basicamente, o Scikit-learn apresenta algumas classes básicas sobre as quais todos os algoritmos são construídos. Além de `BaseEstimator`, a classe da qual todas as outras herdam, há quatro tipos de classes que cobrem todas as funcionalidades básicas de aprendizado de máquina:

» Classificação.
» Regressão.
» Agrupamento (em clusters).
» Transformação de dados.

Embora cada classe base tenha métodos e atributos específicos, as principais funcionalidades para processamento de dados e aprendizado de máquina são garantidos por uma ou mais séries de métodos e atributos chamados interfaces. As interfaces fornecem uma Interface de Programação de Aplicações (API) uniforme para garantir a similaridade dos métodos e atributos entre todos os diferentes algoritmos presentes no pacote. Há quatro interfaces Scikit-learn baseadas em objetos:

- `estimator`: Para ajustar parâmetros, aprendendo-os a partir dos dados, de acordo com o algoritmo.
- `predictor`: Para gerar previsões a partir de parâmetros ajustados.
- `transformer`: Para transformar dados, implementando os parâmetros ajustados.
- `model`: Para relatar a qualidade do ajuste ou outras medidas de pontuações.

O pacote agrupa os algoritmos construídos sobre classes base e uma ou mais interfaces de objeto em módulos, cada módulo exibindo uma especialização em um tipo de solução de aprendizado de máquina em particular. Por exemplo, o módulo `linear_model` é para modelagem linear, e `metrics` é para pontuações e medidas de perda.

Para encontrar um algoritmo específico em Scikit-learn, primeiro encontre o módulo que contém o mesmo tipo de algoritmo de seu interesse, e então selecione-o a partir da lista de conteúdo do módulo. O algoritmo normalmente é uma classe, cujos métodos e atributos já são conhecidos, pois são comuns a outros algoritmos do Scikit-learn.

DICA

Acostumar-se com a abordagem de classes do Scikit-learn demora um pouco. No entanto, a API é a mesma para todas as ferramentas disponíveis no pacote, então aprender uma classe necessariamente diz tudo sobre as outras. A melhor abordagem é aprender uma classe completa, e depois aplicar o que aprendeu às outras.

Realizando o Truque do Hashing

O Scikit-learn fornece a maioria das estruturas de dados e funcionalidades necessárias para completar projetos de data science. Nele, encontramos classes até mesmo para os problemas mais avançados.

Por exemplo, ao lidar com texto, uma das soluções mais úteis oferecidas pelo pacote Scikit-learn é o truque do hashing. O modelo saco de palavras é útil para se trabalhar com texto, sendo ponderado com a transformação TF-IDF (Frequência do Termo — Inverso da Frequência nos Documentos). Todas essas transformações poderosas operam de modo adequado apenas se todo o texto for conhecido e estiver disponível na memória do computador.

Um desafio mais sério de data science é analisar fluxos de texto gerados online, como os que vêm de redes sociais ou grandes repositórios online de texto. Esse cenário é bem desafiador quando tentamos transformar o texto em uma matriz de dados adequada para análise. Ao trabalhar com tais problemas, conhecer o truque do hashing é vantajoso porque o ajuda a:

- Lidar com grandes matrizes de dados baseadas em texto em tempo real.
- Corrigir valores inesperados ou variáveis em seus dados textuais.
- Construir algoritmos escaláveis para grandes coleções de documentos.

Usando funções hash

As funções hash transformam qualquer entrada em uma saída cujas características são previsíveis. Normalmente retornam um valor em que a saída está ligada em um intervalo específico — cujas extremidades variam de números negativos a positivos ou apenas valores positivos. Imagine-os como uma imposição de padrão nos dados — não importa quais valores forneça, eles sempre retornarão um produto de dados específico.

As características mais úteis da função hash são que, dada certa entrada, sempre fornecerão o mesmo valor de saída numérica. Logo, são chamadas de funções determinísticas. Por exemplo, entre com uma palavra como *dog* e a função hash sempre retornará o mesmo número.

De certo modo, as funções hash são como um código secreto, transformando tudo em números. Diferente dos códigos secretos, no entanto, o código hash não pode ser revertido para o valor original. Além disso, em alguns casos raros, palavras diferentes geram o mesmo resultado hash (o que é chamado de colisão hash).

Trabalhando com seleção determinística

As matrizes esparsas são a resposta para lidar com dados com poucos valores; isto é, quando a maior parte dos valores da matriz são zeros. As matrizes esparsas armazenam apenas as coordenadas das células e seus valores, em vez de armazenar informações para todas as células na matriz. Quando uma aplicação solicitar dados de uma célula vazia, a matriz esparsa retornará um valor zero depois de procurar as coordenadas e não encontrá-las. Veja um vetor de exemplo:

```
[1,0,0,0,0,1,0,0,0,0,0,0,0,0,0,1,0,1,0]
```

O código a seguir o transforma em uma matriz esparsa.

```
from scipy.sparse import csc_matrix
print csc_matrix([1, 0, 0, 0, 0, 1, 0, 0, 0, 0, 0, 0, 0,
                  0, 0, 0, 1, 0, 1, 0])
```

Esta é a representação fornecida por `csc_matrix`:

```
  (0, 0)    1
  (0, 5)    1
  (0, 16)   1
  (0, 18)   1
```

Note que a representação dos dados está nas coordenadas (expressas em uma tupla de índice de linha e coluna) e no valor da célula.

O pacote SciPy oferece uma grande variedade de estruturas de matrizes esparsas — cada uma armazenando os dados de um jeito diferente e cada uma com um desempenho diferente. (Algumas são boas para fatiar; outras são melhores para cálculos.) Normalmente a `csc_matrix` (uma matriz comprimida com base em linhas) é uma boa escolha, pois a maioria dos algoritmos do Scikit-learn a aceita como entrada, e ela é ótima para operações com matrizes.

Como cientista de dados, você não precisa se preocupar em programar a própria versão do truque do hashing, a não ser que queira alguma implementação especial da ideia. O Scikit-learn oferece a `HashingVectorizer`, uma classe que transforma de forma rápida qualquer coleção de texto em uma matriz esparsa de dados usando o truque do hashing. Veja um script de exemplo que replica o exemplo anterior:

```
import sklearn.feature_extraction.text as txt
htrick = txt.HashingVectorizer(n_features=20,
                              binary=True, norm=None)
hashed_text = htrick.transform(['Python for data science',
                               'Python for machine learning'])
hashed_text
```

O Python apresenta o tamanho da matriz esparsa e uma contagem dos elementos armazenados presentes nela:

```
<2x20 sparse matrix of type '<class 'numpy.float64'>'
with 8 stored elements in Compressed Sparse Row format>
```

Assim que o texto novo chega, `CountVectorizer` transforma o texto baseado no esquema anterior de codificação em que as palavras novas não estão presentes, por isso, o resultado é simplesmente um vetor vazio de zeros. Conferimos isso transformando a matriz esparsa em uma normal e densa usando `todense`:

```
oh_enconder.transform(['New text has arrived']).todense()
```

Como esperado, a matriz exibida está vazia:

```
matrix([[0, 0, 0, 0, 0, 0]], dtype=int64)
```

Compare a saída de `CountVectorizer` com `HashingVectorizer`, que sempre fornece um local para novas palavras na matriz de dados:

```
htrick.transform(['New text has arrived']).todense()
```

A matriz populada por `HashingVectorizer` representa as novas palavras:

```
matrix([[1., 0., 0., 1., 0., 0., 0., 0., 0., 0., 0., 0., 1.,
         0., 0., 0., 0., 0., 0., 1.]])
```

Executando em Paralelo em Múltiplos Cores

Hoje, a maioria dos computadores é multicore (tem dois ou mais processadores em um único módulo), alguns com vários CPUs físicos. Uma das limitações mais importantes de Python é que ele usa um único core como padrão. (Foi criado em uma época em que um único core era comum.)

Os projetos de data science exigem muitos cálculos. Em particular, uma parte do aspecto científico do data science depende de repetições de testes e experimentos sobre diferentes matrizes de dados. Não se esqueça de que trabalhar com quantidades enormes de dados significa que a maioria das transformações demoradas repete uma observação após a outra (por exemplo, operações idênticas e não relacionadas sobre partes diferentes de uma matriz).

Usar mais cores de CPUs acelera um cálculo em um fator que quase corresponde ao número de cores. Por exemplo, quatro cores significaria trabalhar pelo menos quatro vezes mais rápido. Não há um aumento total de quatro vezes, pois há o custo inicial do processo em paralelo — as instâncias novas de execução do Python precisam ser configuradas com as informações corretas na memória e lançadas, como consequência, a melhoria será menor do que poderia ser, mas ainda será significativa. Saber como usar mais de um CPU é, portanto, uma habilidade avançada, mas incrivelmente útil para aumentar o número de análises completadas e para acelerar as operações, tanto na configuração quanto ao usar os produtos de dados.

Realizando o paralelismo multicore

Para realizar o paralelismo multicore com Python, integre o pacote Scikit-learn com o pacote joblib para operações demoradas, como a replicação de modelos para validar resultados ou para procurar os melhores hiperparâmetros. Em particular, o Scikit-learn possibilita o multiprocessamento na:

- **Validação cruzada:** Testar os resultados de uma hipótese de aprendizado de máquina usando diferentes dados de treinamento e teste.
- **Procura em grade:** Mudar sistematicamente os hiperparâmetros de uma hipótese de aprendizado de máquina e testar os resultados consequentes.
- **Previsão multilabel:** Executar um algoritmo várias vezes em vários alvos em que há muitos resultados-alvo diferentes para prever ao mesmo tempo.
- **Métodos de aprendizado de máquina ensemble:** Modelar uma grande variedade de classificadores, um independente do outro, como ao usar a modelagem baseada em `RandomForest`.

Não é preciso fazer nada de especial para aproveitar as computações paralelas — o parâmetro `n_jobs` ativa o paralelismo, para uma quantidade de cores maior que 1 ou estabelecendo o valor como -1, o que significa usar todas as instâncias disponíveis da CPU.

CUIDADO

Se não estiver rodando o código a partir do console ou de um Jupyter Notebook, é de extrema importância separá-lo de qualquer importação de pacote ou atribuição de variável global no script usando o comando `if __name__=='__main__':` no começo de qualquer código que execute paralelismo multicore. A declaração `if` verifica se o programa está rodando diretamente ou é chamado por um console Python já em execução, evitando qualquer confusão ou erro pelo processo multiparalelo (como a chamada recursiva do paralelismo).

Demonstrando o multiprocessamento

É uma boa ideia usar um notebook ao rodar uma demonstração de como o multiprocessamento realmente economiza tempo durante projetos de data science. Usar o Jupyter fornece a vantagem de usar o comando mágico `%timeit` para cronometrar a execução. Comece carregando um conjunto de dados multiclasse, um algoritmo complexo de aprendizado de máquina (o SVC, Support Vector Classifier) e um procedimento de validação cruzada para estimar pontuações resultantes confiáveis de todos os procedimentos. Encontre detalhes sobre todas essas ferramentas mais adiante no livro. O mais importante é saber que os procedimentos ficam bem grandes porque o SVC produz 10 modelos, que repete 10 vezes cada usando validação cruzada, em um total de 100 modelos.

```
from sklearn.datasets import load_digits
digits = load_digits()
X, y = digits.data,digits.target
from sklearn.svm import SVC
from sklearn.model_selection import cross_val_score

%timeit single_core = cross_val_score(SVC(), X, y, \
                                      cv=20, n_jobs=1)
```

Como resultado, é obtido o termo médio de execução registrado para um único core:

```
18.2 s ± 265 ms per loop
(mean ± std. dev. of 7 runs, 1 loop each)
```

Depois desse teste, é preciso ativar o paralelismo multicore e cronometrar os resultados usando os comandos a seguir:

```
%timeit multi_core = cross_val_score(SVC(), X, y, \
                                     cv=20, n_jobs=-1)
```

A execução em múltiplos cores possibilita um tempo médio melhor:

```
10.8 s ± 137 ms per loop
(mean ± std. dev. of 7 runs, 1 loop each)
```

A máquina de exemplo demonstra uma vantagem positiva de usar o processamento multicore, apesar de usar um conjunto de dados pequeno em que passa a maior parte do tempo iniciando consoles e rodando uma parte do código em cada um. Esse preço inicial de alguns segundos ainda é significativo, dado que a execução total demora vários segundos. Imagine o que aconteceria se trabalhasse com conjuntos de dados maiores — o tempo de execução facilmente se reduziria pela metade, ou mais.

Embora o código funcione bem com o Jupyter, colocá-lo em um script e pedir ao Python para que o execute em um console ou usar um IDE gera erros, por causa das operações internas de uma tarefa multicore. A solução é colocar todo o código em uma declaração `if`, que verifica se o programa começou diretamente e não foi chamado depois. Veja um script de exemplo:

```
from sklearn.datasets import load_digits
from sklearn.svm import SVC
from sklearn.cross_validation import cross_val_score
if __name__ == '__main__':
        digits = load_digits()
        X, y = digits.data,digits.target
        multi_core = cross_val_score(SVC(), X, y,
                                     cv=20, n_jobs=-1)
```

NESTE CAPÍTULO

» Entendendo a filosofia da Análise Exploratória de Dados (AED)

» Estimando a correlação e a associação

» Testando diferenças de médias em grupos

Capítulo 13

Explorando a Análise de Dados

O data science depende de algoritmos complexos para construir previsões e identificar sinais importantes nos dados, e cada algoritmo apresenta diferentes pontos fortes e fracos. Resumindo: você seleciona uma gama de algoritmos, faz com que rodem nos dados, otimiza os parâmetros o máximo que puder e, por fim, decide qual o ajudará mais a construir o produto de dados ou a gerar soluções para o problema.

Parece um pouco automático, e, em parte, é, graças a softwares analíticos poderosos e linguagens de script como o Python. Algoritmos de aprendizado são complexos, e seus procedimentos sofisticados parecem naturalmente automáticos e um pouco confusos. Entretanto, mesmo que algumas dessas ferramentas pareçam magia negra ou a caixa de Pandora, lembre-se deste simples acrônimo: GIGO. GIGO quer dizer "Garbage In/Garbage Out", que significa "lixo entra, lixo sai". É um velho ditado bem conhecido na Estatística (e na Ciência da Computação). Não importa o quanto os algoritmos de aprendizado de máquina usados sejam poderosos, não retornarão resultados bons se houver algo de errado com os dados.

A Análise Exploratória de Dados (AED) é uma abordagem generalizada para explorar conjuntos de dados por meio de síntese estatística e visualização gráfica para obter uma melhor compreensão dos dados, e ela o ajuda a ser mais eficaz em análises e modelagem subsequentes de dados.

A Abordagem AED

A AED foi desenvolvida no Bell Labs por John Tukey, um matemático e estatístico que queria promover mais questões e ações sobre dados com base nos próprios dados (o motivo exploratório), em contraste à abordagem confirmatória, dominante da época. Uma abordagem confirmatória depende do uso de uma teoria ou de um procedimento — os dados estão lá apenas para teste e aplicação. A AED surgiu no fim dos anos de 1970, muito antes da enxurrada de big data aparecer. Tukey já podia ver que certas atividades, como teste e modelagem, eram fáceis de automatizar. Em uma de suas famosas produções, Tukey disse:

> *"O único modo como os seres humanos conseguem se sair MELHOR do que os computadores é se arriscando a se sair PIOR do que eles."*

Essa afirmação explica por que, como cientista de dados, seu papel e suas ferramentas não se limitam a algoritmos de aprendizado de máquina, mas incluem tarefas exploratórias manuais e criativas. Os computadores são invencíveis em otimização, mas os seres humanos são mais fortes em descobertas pegando rotas alternativas e testando soluções improváveis, mas muito eficazes no fim das contas.

A AED vai além da AID. Ela é movida por uma atitude diferente: vai além das suposições básicas. A AED ajuda a:

- » Descrever os dados.
- » Explorar de perto as distribuições de dados.

» Entender as relações entre as variáveis.
» Notar situações incomuns e inesperadas.
» Posicionar os dados em grupos.
» Observar padrões inesperados em grupos.
» Tomar nota de diferenças entre grupos.

A Estatística Descritiva

A primeira ação a se tomar com os dados é a produção de algumas medidas sintéticas para ajudá-lo a descobrir o que acontece com eles. Ao adquirir o conhecimento de medidas, como os valores máximo e mínimo, define-se quais intervalos são os melhores para se começar.

Durante a exploração, o conjunto de dados usado é simples, mas útil, como o usado em capítulos anteriores, o conjunto de dados Iris, de Fisher. Carregue-o a partir do pacote Scikit-learn por meio do código a seguir:

```
from sklearn.datasets import load_iris
iris = load_iris()
```

Tendo carregado o conjunto de dados Iris em uma variável de uma classe personalizada do Scikit-learn, derive um `nparray` de NmPy e um `pandas DataFrame` dele:

```
import pandas as pd
import numpy as np

print('Your pandas version is: %s' % pd.__version__)
print('Your NumPy version is %s' % np.__version__)
from sklearn.datasets import load_iris
iris = load_iris()
iris_nparray = iris.data
```

```
iris_dataframe = pd.DataFrame(iris.data, columns=iris.
feature_names)
iris_dataframe['group'] = pd.Series([iris.target_names[k]
for k in iris.target], dtype="category")


Your pandas version is: 0.23.3
Your NumPy version is 1.14.5
```

LEMBRE-SE

O NumPy, o Scikit-learn e especialmente o pandas são pacotes em desenvolvimento constante, então, antes de começar a trabalhar com AED, é uma boa ideia conferir o número da versão do produto. Usar uma versão mais antiga ou mais nova faz com que sua saída seja diferente da mostrada no livro ou com que alguns comandos falhem. Para esta edição do livro, use a versão 0.23.3 do pandas e a 1.14.5 do NumPy.

DICA

Este capítulo apresenta uma série de comandos do pandas e do NumPy que o ajudam a explorar a estrutura de dados. Embora aplicar comandos explorativos únicos confira mais liberdade na análise, é bom saber que se obtém a maioria dessas estatísticas usando-se o método `describe` aplicado no `pandas DataFrame`: como, `print iris_dataframe.describe()`, quando se tem pressa no projeto de data science.

Criando Visualização Aplicada para AED

Usar a visualização é um modo rápido de limitar os testes e análises apenas a traços e dicas interessantes. As visualizações, o uso de alguns gráficos informativos, transmitem a variedade de características estatísticas das variáveis e de suas relações recíprocas com maior facilidade.

Inspecionando diagramas de caixa

Os diagramas de caixa fornecem uma maneira de representar distribuições e suas variações extremas, sinalizando se algumas observações estão longe demais do centro dos dados — uma situação problemática para alguns algoritmos de aprendizado. O código a seguir mostra como criar um diagrama de caixa básico usando o conjunto de dados Iris:

```
boxplots = iris_dataframe.boxplot(fontsize=9)
```

Na Figura 13-1, a estrutura básica de cada distribuição de variável é representada, pelos 25º e 75º percentis (as bordas), bem como a mediana (dentro da caixa). As linhas, também chamadas de bigodes, representam uma vez e meia o IQR das laterais da caixa (ou a distância ao valor mais extremo, se estiver dentro de uma vez e meia o IQR). O diagrama de caixa marca toda observação fora do bigode (considerada um valor incomum) com um sinal.

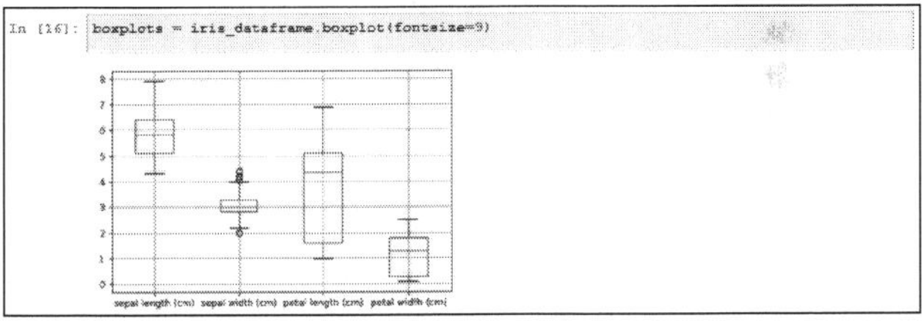

FIGURA 13-1: Um diagrama de caixa organizado por variáveis.

Diagramas de caixa também são muito úteis para conferir visualmente diferenças entre grupos. Observe na Figura 13-2 como um diagrama de caixa indica que os três grupos, setosa, versicolor e virginica, têm petal lengths diferentes, com valores sobrepostos apenas nas margens dos dois últimos.

```
import matplotlib.pyplot as plt
boxplots = iris_dataframe.boxplot(
                                column='petal length (cm)',
                                by='group', fontsize=10)
plt.suptitle("")
plt.show()
```

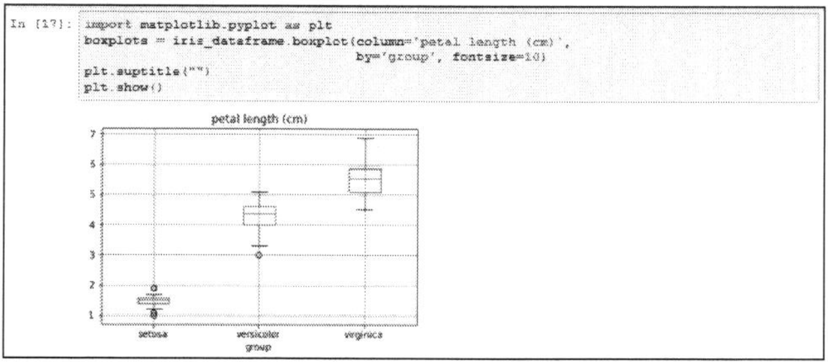

FIGURA 13-2: Um diagrama de caixa de petal length organizado por grupos.

Realizando testes-t depois dos diagramas de caixa

Depois de identificar uma possível diferença entre grupos relativa a uma variável, um teste-t (usado em situações em que a população amostrada tem uma distribuição normal exata) ou uma Análise de Variância (ANOVA) de sentido único fornece uma verificação estatística da significância da diferença entre as médias dos grupos.

```
from scipy.stats import ttest_ind

group0 = iris_dataframe['group'] == 'setosa'
group1 = iris_dataframe['group'] == 'versicolor'
group2 = iris_dataframe['group'] == 'virginica'
variable = iris_dataframe['petal length (cm)']

print('var1 %0.3f var2 %03f' % (variable[group1].var(),
                                variable[group2].var()))

var1 0.221 var2 0.304588
```

O teste-t compara dois grupos de cada vez e requer que se defina se eles têm variância similar ou não. Portanto, é preciso calcular a variância com antecedência, assim:

```
variable = iris_dataframe['sepal width (cm)']
t, pvalue = ttest_ind(variable[group1], variable[group2],
```

```
                 axis=0, equal_var=False)
print('t statistic %0.3f p-value %0.3f' % (t, pvalue))
```

A estatística t resultante e os valores-p são:

```
t statistic -3.206 p-value 0.002
```

`pvalue` é a probabilidade de que a diferença da estatística `t` calculada se deva ao acaso. Normalmente, quando é menor que 0,05, as médias dos grupos têm uma diferença significativa.

Verifique mais de dois grupos de forma simultânea usando o teste ANOVA de sentido único. Nesse caso, `pvalue` tem uma interpretação similar ao teste-t:

```
from scipy.stats import f_oneway
variable = iris_dataframe['sepal width (cm)']
f, pvalue = f_oneway(variable[group0],
                     variable[group1],
                     variable[group2])
print('One-way ANOVA F-value %0.3f p-value %0.3f'
      % (f,pvalue))
```

O resultado do teste ANOVA é:

```
One-way ANOVA F-value 47.364 p-value 0.000
```

Observando coordenadas paralelas

As coordenadas paralelas ajudam a identificar quais grupos na variável resultante seriam facilmente separados uns dos outros. É um diagrama de fato multivariado, pois representa todos os dados ao mesmo tempo. O exemplo a seguir mostra como usar coordenadas paralelas.

```
from pandas.plotting import parallel_coordinates
iris_dataframe['group'] = iris.target
iris_dataframe['labels'] = [iris.target_names[k]
                    for k in iris_dataframe['group']]
pll = parallel_coordinates(iris_dataframe, 'labels')
```

Como mostrado na Figura 13-3, no eixo da abcissa estão todas as variáveis quantitativas alinhadas. Na ordenada, encontrará todas as observações, cuidadosamente representadas como linhas paralelas, cada uma de uma cor diferente, dada, dependendo do grupo ao qual pertença.

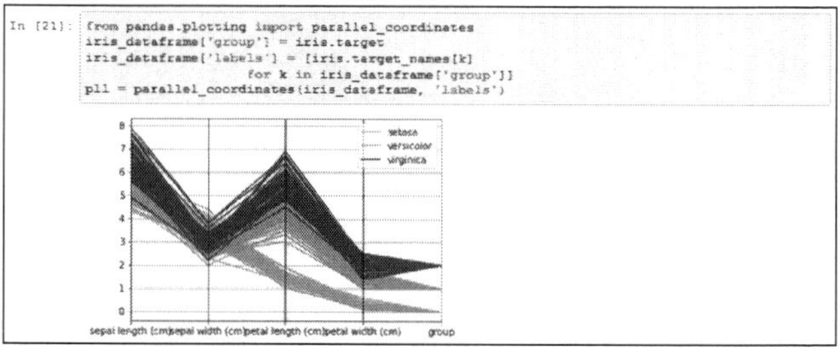

FIGURA 13-3: As coordenadas parale-las preveem se os grupos são facilmente separáveis.

Se as linhas paralelas de cada grupo fluem juntas pela visualização em uma parte separada do gráfico, longe dos outros grupos, o grupo é facilmente separável. A visualização também oferece meios de assegurar a capacidade de determinados atributos de separar os grupos.

Diagramando distribuições

De modo geral, reproduzimos as informações fornecidas pelo diagrama de caixa e pela estatística descritiva em uma curva ou histograma, que mostra um panorama da distribuição completa dos valores. A saída mostrada na Figura 13-4 representa todas as distribuições no conjunto de dados. Escalas e formas diferentes de variáveis ficam visíveis de imediato, como o fato de que os atributos de pétalas (petal length e petal width) apresentam dois picos.

```
cols = iris_dataframe.columns[:4]
densityplot = iris_dataframe[cols].plot(kind='density')
```

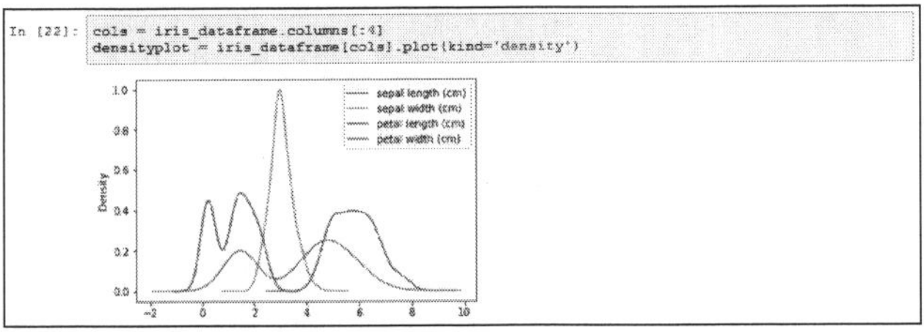

FIGURA 13-4: Distribuição e densidade de atributos.

Os histogramas apresentam outra visão mais detalhada das distribuições:

```
variable = iris_dataframe['petal length (cm)']
single_distribution = variable.plot(kind='hist')
```

A Figura 13-5 mostra o histograma de petal length. Ele revela uma lacuna na distribuição que seria uma descoberta promissora se fosse relacionada a certos grupos de flores Iris.

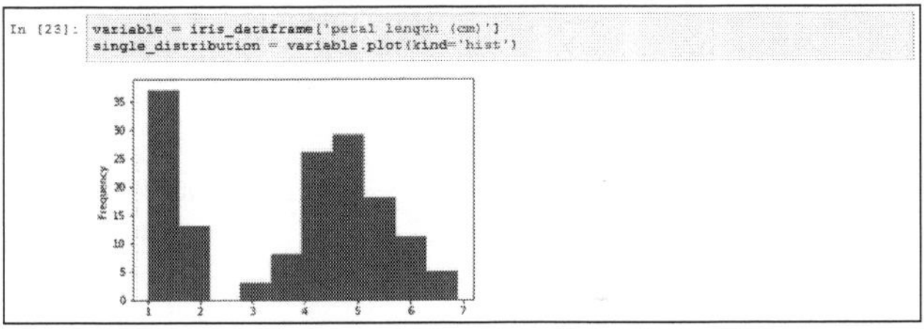

FIGURA 13-5: Os histogramas detalham melhor as distribuições.

Diagramando diagramas de dispersão

Em diagramas de dispersão, as duas variáveis comparadas fornecem as coordenadas para diagramar as observações como pontos em um plano. O resultado normalmente é uma nuvem de pontos. Quando a nuvem é alongada e lembra uma linha, deduzimos que as variáveis são correlacionadas. O exemplo a seguir demonstra esse princípio:

```
palette = {0: 'red', 1: 'yellow', 2:'blue'}
colors = [palette[c] for c in iris_dataframe['group']]
simple_scatterplot = iris_dataframe.plot(
```

```
                kind='scatter', x='petal length (cm)',
                y='petal width (cm)', c=colors)
```

Esse diagrama de dispersão simples, representado na Figura 13-6, compara o comprimento (petal length) e a largura (petal width) das pétalas. Ele destaca diferentes grupos usando cores diferentes. A forma alongada descrita pelos pontos indica uma correlação forte entre as duas variáveis observadas, e a divisão da nuvem em grupos sugere uma possível separabilidade dos grupos.

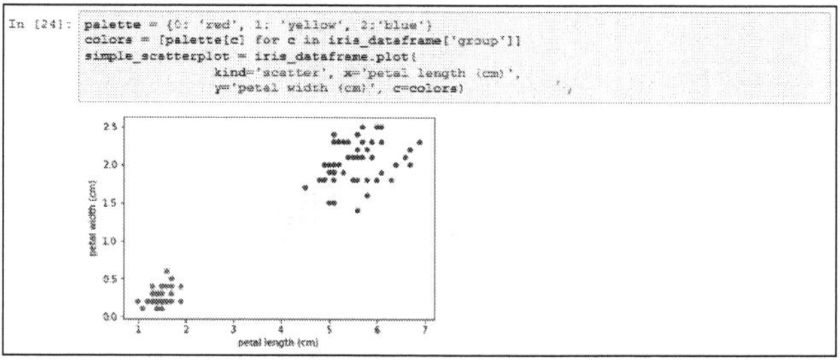

FIGURA 13-6: Um diagrama de dispersão revela como duas variáveis se relacionam.

Como o número de variáveis não é muito grande, podemos gerar todos os diagramas de dispersão automaticamente a partir da combinação de variáveis. Essa representação é uma matriz de diagramas de dispersão. O exemplo a seguir demonstra como criar uma:

```
from pandas.plotting import scatter_matrix
palette = {0: "red", 1: "yellow", 2: "blue"}
colors = [palette[c] for c in iris_dataframe['group']]
matrix_of_scatterplots = scatter_matrix(
    iris_dataframe, figsize=(6, 6),
    color=colors, diagonal='kde')
```

Na Figura 13-7, temos a visualização resultante do conjunto de dados Iris. A diagonal representando a estimativa de densidade é substituível por um histograma usando o parâmetro `diagonal='hist'`.

```
In [25]: from pandas.plotting import scatter_matrix
         palette = {0: "red", 1: "yellow", 2: "blue"}
         colors = [palette[c] for c in iris_dataframe['group']]
         matrix_of_scatterplots = scatter_matrix(
             iris_dataframe, figsize=(6, 6),
             color=colors, diagonal='kde')
```

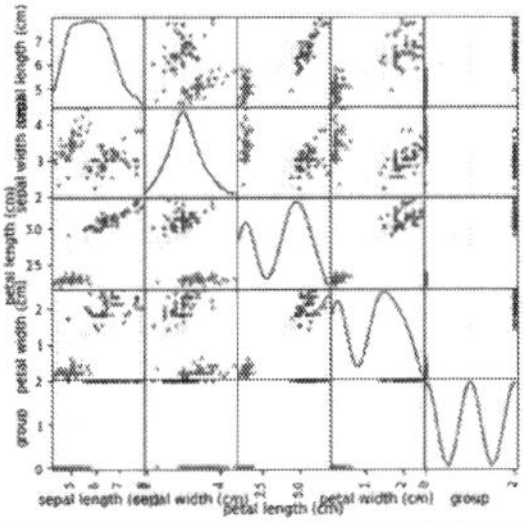

FIGURA 13-7: Uma matriz de diagramas de dispersão exibe mais informações ao mesmo tempo.

Entendendo a Correlação

Assim como a relação entre variáveis é graficamente representável, também é mensurável por uma estimativa estatística. Ao trabalhar com variáveis numéricas, a estimativa é uma correlação, e a de Pearson é a mais famosa. A correlação de Pearson é a base para os modelos de estimativas lineares complexas. Ao trabalhar com variáveis categóricas, a estimativa é uma associação, e a estatística qui-quadrada é a ferramenta mais usada para mensurar a associação entre os atributos.

Usando covariância e correlação

A covariância é a primeira medida da relação entre duas variáveis. Ela determina se ambas têm um comportamento coincidente em relação à média. Se os valores individuais das duas variáveis geralmente são acima ou abaixo das respectivas médias, elas têm uma associação positiva. Isso significa que tendem a concordar, e se pode descobrir o comportamento de uma das duas observando a outra. Em tal caso, a covariância será um número positivo, e quanto maior o número, maior a concordância.

Caso contrário, se uma variável normalmente estiver acima e a outra abaixo das respectivas médias, são associadas negativamente. Embora discordem, é uma situação interessante para se fazer previsões, pois, observando o estado de uma delas, descobre-se o estado provável da outra (mesmo sendo opostas). Nesse caso, a covariância será um número negativo.

Um terceiro estado é que as duas variáveis não concordam ou discordam sistematicamente uma da outra. Nesse caso, a covariância tenderá a ser zero, um sinal de que as variáveis não compartilham muito e têm comportamentos independentes.

De maneira ideal, quando temos uma variável-alvo numérica, queremos que ela tenha uma covariância positiva ou negativa alta com as variáveis preditivas. Ter uma grande covariância positiva ou negativa entre variáveis preditivas é um sinal de *redundância de informação*, que mostra que as variáveis apontam para os mesmos dados — isto é, elas nos dizem o mesmo de modos levemente diferentes.

Calcular uma matriz de covariância é algo bem direto quando usamos `pandas`. Podemos aplicá-lo no mesmo momento ao `DataFrame` do conjunto de dados Iris, como mostrado aqui:

```
iris_dataframe.cov()
```

A matriz na Figura 13-8 mostra variáveis presentes em linhas e colunas. Ao observar combinações diferentes de linhas e colunas, determina-se o valor da covariância entre as variáveis escolhidas. Depois de observar esses resultados, imediatamente percebemos que há pouca relação entre sepal length e sepal width, o que significa que são valores informativos diferentes. No entanto, há uma relação especial entre petal width e petal length, mas o exemplo não diz qual é, pois a medida não é facilmente interpretável.

```
In [26]: iris_dataframe.cov()
Out[26]:
```

	sepal length (cm)	sepal width (cm)	petal length (cm)	petal width (cm)	group
sepal length (cm)	0.685694	-0.039268	1.273682	0.516904	0.530872
sepal width (cm)	-0.039268	0.188004	-0.321713	-0.117981	-0.148993
petal length (cm)	1.273682	-0.321713	3.113179	1.296387	1.371812
petal width (cm)	0.516904	-0.117981	1.296387	0.582414	0.597987
group	0.530872	-0.148993	1.371812	0.597987	0.671141

FIGURA 13-8: Uma matriz de covariância do conjunto de dados Iris.

A escala das variáveis observadas influencia a covariância, então use uma medida diferente, mas padrão. A solução é usar a correlação, que é a estimativa da covariância depois da padronização das variáveis. Veja um exemplo de obtenção da correlação usando um método `pandas` simples:

```
iris_dataframe.corr()
```

Examine na Figura 13-9 a matriz de correlação resultante:

FIGURA 13-9: Uma matriz de correlação do conjunto de dados Iris.

```
In [27]: iris_dataframe.corr()
Out[27]:
```

	sepal length (cm)	sepal width (cm)	petal length (cm)	petal width (cm)	group
sepal length (cm)	1.000000	-0.109369	0.871754	0.817954	0.782561
sepal width (cm)	-0.109369	1.000000	-0.420516	-0.356544	-0.419446
petal length (cm)	0.871754	-0.420516	1.000000	0.962757	0.949043
petal width (cm)	0.817954	-0.356544	0.962757	1.000000	0.956464
group	0.782561	-0.419446	0.949043	0.956464	1.000000

Isso é ainda mais interessante, pois os valores de correlação ficam limitados entre os valores –1 e +1, então a relação entre petal width e petal length é positiva e, com um 0,96, é quase a máxima possível.

As matrizes de covariância e correlação também são calculadas por meio de comandos NumPy, como mostrado aqui:

```
covariance_matrix = np.cov(iris_nparray, rowvar=0)
correlation_matrix = np.corrcoef(iris_nparray, rowvar=0)
```

LEMBRE-SE

Na estatística, esse tipo de correlação é chamada de *correlação de Pearson*, e seu coeficiente é um *r de Pearson*.

DICA

Outro ótimo truque é elevar a correlação ao quadrado. Fazendo isso, o sinal da relação é cancelado. O novo número informa a porcentagem da informação compartilhada pelas duas variáveis. Neste exemplo, uma correlação de 0,96 implica que 93% (0.962757 **2) das informações são compartilhadas. A matriz de correlação quadrada é obtida por meio deste comando: `iris_dataframe.corr()**2`.

Usando a correlação não paramétrica

As correlações funcionam bem quando duas variáveis são numéricas e sua relação é estritamente linear. Às vezes seu atributo é ordinal (uma variável numérica, mas de ordenamento) ou há uma certa não linearidade devido a distribuições atípicas nos dados. Uma solução possível é testar as correlações duvidosas com uma correlação não paramétrica, como a correlação de postos de Spearman (o que significa menos exigências em termos de distribuição das variáveis consideradas). Uma *correlação de Spearman* transforma os valores numéricos em classificações e as correlaciona, minimizando, assim, a influência de qualquer relação não linear entre as duas variáveis examinadas. A correlação resultante, que costuma ser denotada como *rho*, deve ser interpretada da mesma forma que uma correlação de Pearson.

Como exemplo, verifique a relação entre sepal length e sepal width cuja correlação de Pearson foi bem fraca:

```
from scipy.stats import spearmanr
from scipy.stats.stats import pearsonr
a = iris_dataframe['sepal length (cm)']
b = iris_dataframe['sepal width (cm)']
rho_coef, rho_p = spearmanr(a, b)
r_coef, r_p = pearsonr(a, b)
print('Pearson r %0.3f | Spearman rho %0.3f'
      % (r_coef, rho_coef))
Here is the resulting comparison:Pearson r -0.109 |
Spearman rho -0.159
```

Nesse caso, o código confirma a associação fraca entre as duas variáveis usando o teste não paramétrico.

NESTE CAPÍTULO

» Descobrindo a mágica da decomposição em valores singulares

» Entendendo a diferença entre fatores e componentes

Capítulo 14

Reduzindo a Dimensionalidade

O *big data* é definido como uma coleção de conjuntos de dados tão grande, que é difícil de processar com as técnicas tradicionais. A manipulação de big data se diferencia da dos problemas estatísticos. Normalmente usamos técnicas estatísticas para os pequenos e de data science para os de grande proporção.

Os dados são entendidos como "grandes" porque englobam muitos exemplos, que é a ideia óbvia que vem à mente. Analisar um banco de dados de milhões de clientes e interagir de forma simultânea com todos é desafiador, mas essa não é a única perspectiva possível para o big data. Outro ponto de vista sobre o big data é a dimensionalidade dos dados, que se refere a quantos aspectos dos casos uma aplicação acompanha. Os dados com alta dimensionalidade têm muitos atributos (variáveis) — em geral, centenas ou milhares —, e isso se transforma em um problema sério. Mesmo que se observem apenas alguns casos, e por um período curto de tempo, lidar com atributos demais torna a maioria das análises muito complexa.

A complexidade de trabalhar com tantas dimensões leva à necessidade de várias técnicas de dados para filtrar a informação — mantendo os dados que parecem resolver melhor o problema. O filtro reduz a dimensionalidade removendo informações redundantes em conjuntos de dados de alta dimensão. O foco neste capítulo é a redução de dimensões de dados quando eles têm muitas repetições das mesmas informações. Essa redução é um tipo de compressão de informação, similar à compressão de arquivos no disco rígido para economizar espaço.

Entendendo a SVD

A essência da mágica de redução de dados está em uma operação de álgebra linear chamada de Decomposição em Valores Singulares (SVD). A *SVD* é um método matemático que recebe dados como entrada na forma de uma única matriz e devolve três matrizes resultantes, que, multiplicadas umas pelas outras, retornam a matriz de entrada original. A fórmula da SVD é:

$$M = U * s * Vh$$

Veja uma breve explicação sobre as letras utilizadas na equação:

- **U:** Contém todas as informações sobre as linhas (observações).
- **Vh:** Contém todas as informações sobre as colunas (atributos).
- **s:** Registra o processo de SVD (um tipo de registro de eventos - log).

Criar três matrizes a partir de uma parece contraprodutivo quando o objetivo é reduzir as dimensões dos dados. Ao usar a SVD, parece que geramos mais dados, em vez de reduzi-los. No entanto, a SVD esconde a mágica no processo, porque enquanto constrói essas novas matrizes, separa as informações em relação às linhas das colunas da matriz original. Como resultado, ela comprime toda a informação valiosa nas primeiras colunas das novas matrizes.

A matriz resultante `s` mostra como a compressão aconteceu. A soma de todos os valores em `s` informam quanta informação foi armazenada anteriormente na matriz original, e cada valor em `r` relata quantos dados foram acumulados em cada coluna respectiva de `U` e `Vh`.

Para entender como tudo isso funciona, observe primeiro os valores individuais. Por exemplo, se a soma de `s` for 100 e o primeiro valor de `s` for 99, isso significa que 99% das informações estão armazenadas agora na primeira coluna de `U` e `Vh`. Portanto, descartar todas as colunas restantes, depois da primeira, não gera problemas, e nenhuma informação importante para o processo de descoberta de conhecimento de data science é perdida.

Buscando a redução da dimensionalidade

É hora de ver como o Python simplifica a complexidade dos dados. O exemplo a seguir demonstra um método para reduzir o big data, e esta técnica tem muitas outras aplicações igualmente interessantes.

```
import numpy as np
A = np.array([[1, 3, 4], [2, 3, 5], [1, 2, 3], [5, 4, 6]])
print(A)
```

O código exibe a matriz `A`, que aparece nos exemplos a seguir:

```
[[1 3 4]
 [2 3 5]
 [1 2 3]
 [5 4 6]]
```

A matriz `A` contém os dados que queremos reduzir. `A` é formada por quatro observações contendo três atributos cada. O módulo `linalg` do NumPy dá acesso à função `svd`, que divide igualmente a matriz original em três variáveis: `U`, `s` e `Vh`.

```
U, s, Vh = np.linalg.svd(A, full_matrices=False)
print(np.shape(U), np.shape(s), np.shape(Vh))
print(s)
```

A saída enumera as formas de `U`, `s` e `Vh`, respectivamente, e exibe o conteúdo da variável `s`:

```
(4, 3) (3,) (3, 3)
[12.26362747 2.11085464 0.38436189]
```

A matriz `U`, representando as linhas, tem quatro valores de linhas. A matriz `Vh` é uma matriz quadrada e tem três linhas representando as colunas originais. A matriz `s` é uma matriz diagonal que contém zeros em todos os elementos, exceto na diagonal. O comprimento de sua diagonal é exatamente igual às três colunas originais. Dentro de `s`, descobrimos que a maioria dos valores está nos primeiros elementos, indicando que a primeira coluna é a que armazena a maior parte da informação (cerca de 83%), a segunda tem alguns valores (cerca de 14%), e a terceira contém valores residuais. Para obter essas porcentagens, somamos os três valores e obtemos 14,758844, e usamos esse número para dividir as colunas individuais. Por exemplo, 12,26362747 dividido por 14,758844 é 0,8309341483655495, ou cerca de 83%.

Conferimos se a SVD mantém sua promessa visualizando a saída do exemplo. Ele reconstrói a matriz original usando a função `dot` do NumPy para multiplicar `U`, `s` (diagonal) e `Vh`. A função `dot` realiza a multiplicação de matrizes, que é um procedimento de multiplicação levemente diferente do aritmético. Veja um exemplo de uma reconstrução completa de matriz:

```
print(np.dot(np.dot(U, np.diag(s)), Vh))
```

O código exibe a matriz original `A` reconstruída:

```
[[ 1.  3.  4.]
 [ 2.  3.  5.]
 [ 1.  2.  3.]
 [ 5.  4.  6.]]
```

A reconstrução está perfeita, mas é evidente que precisamos manter o mesmo número de componentes na matriz `U` resultante como aparece no conjunto de dados original. Nenhuma redução de dimensionalidade realmente ocorreu, só reestruturamos os dados de modo que descorrelacionem as novas variáveis (e isso é útil para algoritmos de clustering).

DICA

Quando trabalhamos com SVD, de modo geral nos preocupamos com a matriz `U` resultante, a matriz que representa as linhas, pois é uma substituição do conjunto de dados inicial.

Agora é hora de brincar com os resultados um pouco e conseguir uma redução real. Por exemplo, descubra o que acontece quando se exclui a terceira coluna da matriz `U`, a menos importante das três. O exemplo a seguir mostra o que acontece quando cortamos a última coluna das três matrizes.

```
print np.round(np.dot(np.dot(U[:,:2], np.diag(s[:2])),
               Vh[:2,:]),1) # k=2 reconstruction
```

O código exibe a reconstrução da matriz original usando os dois primeiros componentes:

```
[[ 1.  2.8 4.1]
 [ 2.  3.2 4.8]
 [ 1.  2.  3. ]
 [ 5.  3.9 6. ]]
```

A saída é quase perfeita. Isso significa que o último componente fica de fora, e `U` substitui o conjunto de dados original. Há algumas casas decimais de diferença. Para levar o exemplo além, o código a seguir remove a segunda e a terceira colunas da matriz `U`:

```
print np.round(np.dot(np.dot(U[:,:1], np.diag(s[:1])),
               Vh[:1,:]),1) # k=1 reconstruction
```

Esta é a reconstrução da matriz original usando um único componente:

```
[[ 2.1 2.5 3.7]
 [ 2.6 3.1 4.6]
 [ 1.6 1.8 2.8]
 [ 3.7 4.3 6.5]]
```

Agora, existem mais erros. Alguns elementos da matriz perderam mais do que algumas casas decimais. Contudo, a maioria das informações numéricas está intacta, e é seguro utilizar a matriz `U` para substituir os dados iniciais. Imagine o potencial de usar tal técnica em uma matriz maior, com centenas de colunas que primeiro seriam transformadas em uma matriz `U` e depois deixariam de fora, sem problema algum, a maioria das colunas.

DICA

Uma das questões complicadas que deve ser considerada é determinar quantas colunas manter. Criar uma soma cumulativa da matriz diagonal `s` (a função `cumsum` do NumPy é perfeita para isso) é útil para acompanhar como a informação é expressada e em quantas colunas. Como regra, considere as soluções que mantêm de 70% a 99% da informação original. No entanto, essa regra não é inflexível — depende do quanto é importante reconstruir o conjunto de dados original.

Usando a SVD para medir o invisível

Uma propriedade da SVD é comprimir os dados originais a tal nível e de determinada maneira inteligente que, em certas situações, a técnica crie atributos novos e úteis, não apenas variáveis comprimidas. Portanto, as três colunas da matriz `U`, do exemplo anterior, podem funcionar como novos atributos.

Se os dados contêm dicas e pistas sobre causas ou motivos ocultos, uma SVD as reúne e oferece respostas e insights adequados. Isso principalmente quando os dados são formados por informações interessantes, como as da lista a seguir:

- **O texto nos documentos insinua ideias e categorias significativas.** Assim como é possível chegar a conclusões lendo blogs e grupos de discussões, a SVD também leva à dedução de classificações significativas dos grupos de documentos ou de tópicos específicos escritos neles.

- **Críticas de filmes e livros indicam preferências pessoais e categorias de produtos mais amplas.** Então, se alguém diz, em um site de classificação, que adorou a coleção original da série *Jornada nas Estrelas*, fica fácil determinar preferências em termos de outros filmes, bens de consumo e até tipos de personalidades.

Um exemplo de um método baseado em SVD é a Indexação Semântica Latente (LSI), que tem sido usada com sucesso para associar documentos e palavras com base na ideia de que as palavras, embora diferentes, tendem a ter o mesmo significado quando colocadas em contextos similares. Esse tipo de análise sugere não apenas palavras sinônimas, mas também conceitos maiores de agrupamento. Por exemplo, uma análise LSI em uma amostra de notícias esportivas agrupa times de beisebol da Major League baseada somente na coocorrência dos nomes de times em artigos similares, sem qualquer conhecimento prévio do que é um time de beisebol ou a Major League.

Realizando Análise Fatorial e ACP

A SVD opera diretamente em valores numéricos nos dados, mas os dados também podem expressar uma relação entre as variáveis. Cada atributo tem uma certa variação. Calcula-se a variabilidade como a medida de variância em relação à média. Quanto mais variância, mais informação é contida dentro da variável. Além disso, se colocarmos a variável em um conjunto, comparamos a variância de duas variáveis para determinar se elas se correlacionam, o que é uma medida de quão fortemente elas têm valores semelhantes.

Verificando todas as correlações possíveis de uma variável com outras no conjunto, vemos que existem dois tipos de variância:

- **Variância única:** Certas variâncias são únicas para a variável em análise. Ela não se relaciona com o que acontece a qualquer outra variável.

» **Variância compartilhada:** Certas variâncias são compartilhadas com uma ou mais variáveis, criando redundância nos dados. A redundância sugere que as mesmas informações, com valores ligeiramente diferentes, estão em vários recursos e em muitas observações.

É claro que o próximo passo é determinar a razão para a variância compartilhada. Tentar responder tal pergunta, bem como determinar como lidar com variâncias únicas e compartilhadas, levou à criação da análise fatorial e da análise de componente principal (comumente chamada de ACP).

Considerando o modelo psicométrico

Muito antes de se pensar em algoritmos de aprendizado de máquina, a *psicometria*, a disciplina da psicologia preocupada com a mensuração psicológica, tentou encontrar uma solução estatística para medir de modo eficaz as dimensões da personalidade. Como vários aspectos do nosso ser, a personalidade não é diretamente mensurável. Por exemplo, não é possível medir precisamente o quanto uma pessoa é introvertida ou inteligente. Os questionários e testes psicológicos apenas sugerem esses valores.

Os psicólogos conheciam a SVD e tentaram aplicá-la ao problema, e a variância compartilhada chamou sua atenção: se algumas variáveis são quase iguais, devem ter a mesma origem, eles pensaram. Eles então criaram a *análise fatorial* para realizar essa tarefa, e em vez de aplicar a SVD diretamente aos dados, aplicaram-na a uma matriz recém-criada que acompanhava a variância comum, na esperança de condensar toda a informação e recuperar novos atributos úteis chamados de *fatores*.

Procurando fatores ocultos

Uma boa maneira de mostrar como usar a análise fatorial é começar com o conjunto de dados Iris:

```
from sklearn.datasets import load_iris
from sklearn.decomposition import FactorAnalysis
iris = load_iris()
```

```
X = iris.data
Y = iris.target
cols = [s[:12].strip() for s in iris.feature_names]
factor = FactorAnalysis(n_components=4).fit(X)
```

Depois de carregar os dados e armazenar todos os atributos preditivos, a classe `FactorAnalysis` é inicializara com um pedido para procurar quatro fatores, e então os dados são ajustados. Exploramos os resultados observando o atributo `components_`, que retorna um array contendo medidas da relação entre os fatores recém-criados, posicionados em linhas, e os originais, posicionados em colunas:

```
import pandas as pd
print(pd.DataFrame(factor.components_, columns=cols))
```

Na saída descobrimos como os fatores produzidos pelo código, indicados nas linhas, relacionam-se às variáveis originais, retratadas nas colunas. Interpretamos os números como se fossem correlações:

```
   sepal length  sepal width  petal length  petal width
0      0.707227    -0.153147      1.653151     0.701569
1      0.114676     0.159763     -0.045604    -0.014052
2     -0.000000     0.000000      0.000000     0.000000
3     -0.000000     0.000000      0.000000    -0.000000
```

Na interseção de cada fator e atributo, um número positivo indica que existe uma proporção positiva entre os dois; um número negativo indica que eles divergem e que um é o contrário do outro. No teste feito no conjunto de dados Iris, por exemplo, os fatores resultantes devem ser no máximo dois, não quatro, porque apenas dois fatores têm conexões significativas com os atributos originais. Esses dois fatores agem como novas variáveis no projeto, pois retratam um atributo oculto importante que os dados disponíveis antes apenas sugeriam.

DICA

Valores diferentes de `n_components` precisam ser testados, pois não há como saber quantos fatores existem nos dados. Se o algoritmo for acionado para mais fatores do que os existentes, ele gerará fatores com valores baixos ou zero no array `components_`.

Usando componentes, e não fatores

Se uma SVD for aplicada com sucesso à variância comum, parece que é aplicável a todas as variâncias. Usando uma matriz inicial ligeiramente modificada, todas as relações entre os dados seriam reduzidas e comprimidas de modo similar ao da SVD. Os resultados desse processo, muito parecidos aos da SVD, são chamados de *Análise de Componentes Principais* (ACP). Os atributos recém-criados são chamados de *componentes*. Diferente dos fatores, os componentes não são descritos como a origem da estrutura de dados, mas são apenas dados reestruturados, então são como uma somatória inteligente e grande de variáveis selecionadas.

Para aplicações de data science, a ACP e a SVD são muito parecidas. No entanto, a ACP não é afetada pela escala dos atributos originais (porque funciona em medidas de correlação limitadas entre valores –1 e +1), e a ACP foca a reconstrução da relação entre as variáveis, oferecendo resultados diferentes da SVD.

Comprimindo informações com t-SNE

Como a SVD e a ACP reduzem a complexidade dos dados, as dimensões reduzidas servem à visualização. Mas muitas vezes os diagramas de dispersão de ACP não são úteis para a visualização, pois precisamos de mais diagramas para ver como os exemplos se relacionam uns com os outros. Então os cientistas criaram algoritmos para *redução de dimensionalidade não linear* (também chamada de *aprendizado múltiplo*), como a t-SNE, para visualizar relações em conjuntos de dados complexos de centenas de variáveis usando diagramas de dispersão bidimensionais simples.

O algoritmo t-SNE começa projetando aleatoriamente os dados no número indicado de dimensões (geralmente dois para uma representação bidimensional) como pontos. Depois, em uma série de iterações, o algoritmo tenta reunir os pontos que se referem a exemplos similares no conjunto de dados (a similaridade é calculada por meio da probabilidade) e separar pontos muito diferentes uns dos outros. Depois de algumas iterações, os pontos similares devem se organizar em agrupamentos (clusters) separados dos outros pontos. Essa organização ajuda a representar os dados como um diagrama, e analisá-los produz conhecimento sobre os dados e seus significados.

Esse exemplo usa o conjunto de dados de números escritos à mão do Scikit-learn. Ele contém imagens em escala de cinza de números escritos à mão representados como uma matriz 8 x 8 de valores que variam de zero a um. (São tonalidades em que o zero é preto puro e o um é branco.)

```
from sklearn.datasets import load_digits
digits = load_digits()
X = digits.data
ground_truth = digits.target
```

Depois de carregar o conjunto de dados, rodamos o algoritmo t-SNE para comprimir os dados:

```
from sklearn.manifold import TSNE
tsne = TSNE(n_components=2,
            init='pca',
            random_state=0,
            perplexity=50,
            early_exaggeration=25,
            n_iter=300)
Tx = tsne.fit_transform(X)
```

Esse exemplo estabelece os parâmetros `perplexity`, `early_exaggeration` e `n_iter`, que contribuem com a qualidade da representação final. Podemos experimentar valores diferentes nesses parâmetros e obter soluções levemente diferentes. Quando o conjunto de dados é reduzido, podemos diagramá-lo e posicionar o rótulo do número original na área do diagrama em que existem mais exemplos parecidos, como a seguir:

```
import numpy as np
import matplotlib.pyplot as plt
plt.xticks([], [])
plt.yticks([], [])
for target in np.unique(ground_truth):
    selection = ground_truth==target
    X1, X2 = Tx[selection, 0], Tx[selection, 1]
    c1, c2 = np.median(X1), np.median(X2)
    plt.plot(X1, X2, 'o', ms=5)
    plt.text(c1, c2, target, fontsize=18)
```

Vemos o diagrama resultante na Figura 14-1, que revela como alguns números escritos à mão, como zero, seis ou quatro, são facilmente distinguíveis de outros, enquanto números como três e nove (ou cinco e oito) podem ser interpretados de forma equivocada.

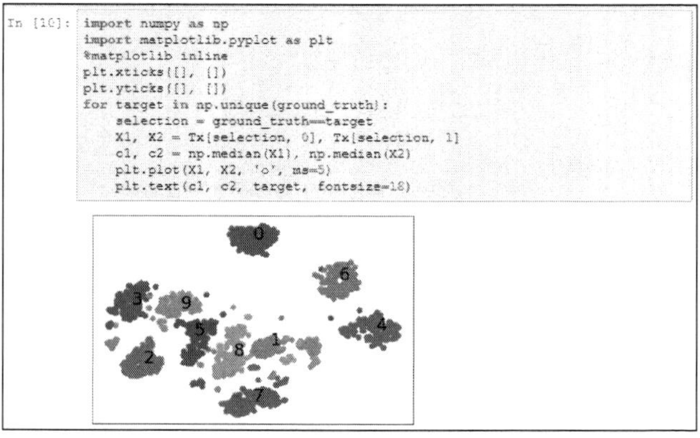

FIGURA 14-1: A projeção resultante dos dados escritos à mão pelo algoritmo t-SNE.

NESTE CAPÍTULO

» Explorando as potencialidades do agrupamento não supervisionado

» Fazendo o K-means trabalhar com dados pequenos e big data

Capítulo 15

Agrupamento

Uma das habilidades básicas que os seres humanos exercem desde o início dos tempos é dividir o mundo em classes, em que objetos individuais compartilham características comuns, consideradas importantes pelo classificador. Partindo dos habitantes primitivos das cavernas classificando o mundo natural em que viviam, distinguindo plantas e animais úteis e perigosos para a sobrevivência, chegamos à Era Moderna, em que os departamentos de marketing classificam os consumidores em segmentos-alvo e agem com planos de marketing direcionados a cada um deles.

A classificação é crucial para o processo de construção de novos conhecimentos, pois, pela reunião de objetos similares, é possível:

- » Mencionar todos os itens em uma classe pela mesma denominação.
- » Resumir atributos relevantes por um tipo de classe exemplificativa.
- » Associar ações específicas ou relembrar de conhecimentos específicos automaticamente.

Lidar com fluxos de big data nos dias atuais requer a mesma habilidade classificatória, mas em escala diferente. Para identificar grupos desconhecidos de sinais presentes nos dados, precisamos de algoritmos especializados que sejam capazes de aprender como atribuir exemplos a determinadas classes (a abordagem *supervisionada*) e para identificar novas classes interessantes das quais não estamos cientes (aprendizado *não supervisionado*).

Embora sua rotina principal como cientista de dados seja colocar em prática suas habilidades preditivas, também, com frequência, terá que fornecer insights úteis para possíveis informações novas, presentes nos dados. Por exemplo, é preciso localizar novos atributos para fortalecer o poder preditivo dos modelos, encontrar um modo mais fácil para fazer comparações complexas nos dados e descobrir comunidades em redes sociais.

Uma abordagem de classificação orientada por dados, chamada de *agrupamento* (*clustering*), será de grande ajuda para o sucesso do projeto de dados quando precisar de novos insights a partir do zero e não tiver dados rotulados ou quiser criar rótulos para eles.

As técnicas de agrupamento são um conjunto de métodos de *classificação não supervisionada* que criam classes significativas processando diretamente os dados, sem qualquer conhecimento prévio ou hipótese sobre os grupos presentes. Se todos os algoritmos supervisionados precisam de exemplos rotulados (rótulos de classe), os não supervisionados descobrem sozinhos quais são os rótulos mais adequados.

Agrupando com K-means

O *K-means* é um algoritmo que se tornou muito popular no aprendizado de máquina devido a sua simplicidade, velocidade e escalabilidade para um grande número de pontos de dados. O algoritmo K-means conta com a ideia de que há um número específico de grupos de dados, também chamados *clusters*. Cada grupo de dados está espalhado em torno de um ponto central com o qual compartilha algumas características-chave.

Imagine o ponto central de um grupo, chamado de *centroide*, como um sol. Os pontos de dados se distribuem em torno do centroide como planetas. Assim como os sistemas estelares são separados pelo vácuo do espaço, espera-se que os grupos também sejam separados uns dos outros de forma nítida, então, como coleções de pontos, eles são internamente homogêneos e diferentes uns dos outros.

LEMBRE-SE

O algoritmo K-means espera encontrar grupos nos dados, portanto, ele os encontrará mesmo que não existam. É importante verificar dentro dos grupos para determinar se o grupo é algo precioso mesmo.

Dadas tais suposições, tudo o que precisamos fazer é especificar o número de grupos esperado (com uma estimativa ou uma variedade de possíveis soluções), e o algoritmo K-means os procurará usando uma heurística a fim de recuperar a posição dos pontos centrais.

Os centroides dos grupos devem ficar evidentes por suas características e posições diferentes. Mesmo que comece adivinhando aleatoriamente onde estão, no fim, depois de algumas correções, eles sempre serão encontrados usando-se os vários pontos de dados que gravitam ao seu redor.

Entendendo algoritmos baseados em centroides

O procedimento para encontrar os centroides é bem direto:

1. **Estime um número K de grupos.**

   Os centroides K são escolhidos aleatoriamente dos pontos de dados ou escolhidos para que estejam em posições muito distantes uns dos outros. Todos os outros pontos são atribuídos ao centroide mais próximo com base na distância euclidiana.

2. **Forme os grupos iniciais.**

3. **Faça uma nova iteração, gerando grupos, até notar que a solução não muda mais.**

   Recalcule os centroides como uma média de todos os pontos presentes no grupo. Todos os pontos de dados são reatribuídos aos grupos com base na distância dos novos centroides.

O processo iterativo de atribuir casos ao centroide mais plausível e depois tirar a média dos atribuídos para encontrar um novo centroide mudará lentamente a posição do centroide em direção às áreas em que a maioria dos pontos de dados gravita. O resultado é que acabamos com a posição real do centroide.

O procedimento tem apenas dois pontos fracos que devemos considerar. Primeiro, escolhemos os centroides iniciais aleatoriamente, o que significa que o ponto de partida talvez seja ruim. Como resultado, o processo iterativo para em alguma solução improvável — por exemplo, com um centroide no meio de dois grupos. Para garantir que a solução seja a mais provável, teste o algoritmo algumas vezes e acompanhe os resultados. Quanto mais testar, é mais provável que confirme a solução certa. A implementação de K-means, do Scikit-learn e do Python fará isso de modo automático, basta decidir quantas vezes pretende fazer o teste. (O dilema é que mais iterações produzem resultados melhores, mas cada iteração consome um tempo valioso.)

O segundo ponto fraco se deve à distância usada por K-means, a *distância euclidiana*, que é a distância entre dois pontos em um plano (um conceito que você deve ter estudado na escola). Em uma aplicação K-means, cada ponto de dado é um vetor de atributos, então, ao comparar a distância entre dois pontos, fazemos o seguinte:

1. **Criamos uma lista contendo as diferenças dos elementos nos dois vetores.**
2. **Elevamos todos os elementos do vetor de diferenças ao quadrado.**
3. **Calculamos a raiz quadrada dos elementos do vetor de diferenças somados.**

Experimente este exemplo simples no Python. Imagine que haja dois pontos, A e B, e eles tenham três atributos numéricos. Se A e B são a representação dos dados de duas pessoas, seus atributos característicos poderiam ser medidos em altura (cm), peso (kg) e idade (anos), como no código a seguir:

```
import numpy as np
A = np.array([165, 55, 70])
B = np.array([185, 60, 30])
```

O próximo exemplo mostra como calcular as diferenças entre os três elementos, elevar todos os elementos resultantes ao quadrado e determinar a raiz quadrada da somatória dos valores quadrados:

```
D = (A - B)
D = D**2
D = np.sqrt(np.sum(D))
print(D)

45.0
```

No fim, a distância euclidiana é apenas uma grande soma. Quando as variáveis formando o vetor de diferença são significativamente diferentes em escala umas das outras (nesse exemplo, a altura poderia ter sido expressada em metros), acabamos com uma distância dominada pelos elementos com a maior escala. É muito importante mudar a escala das variáveis para que usem uma escala semelhante antes de aplicar o algoritmo K-means. Podemos usar um intervalo fixado ou uma normalização estatística com média zero e variância unitária para esse fim.

Outro problema em potencial se deve à correlação entre as variáveis, causando redundância de informação. Se duas variáveis são altamente correlacionadas, uma parte de seu conteúdo é repetido. A replicação implica a contagem da mesma informação mais de uma vez na soma usada para calcular a distância. Se não estivermos cientes do problema de correlação, algumas variáveis dominarão o cálculo de medida de distância — uma situação que não nos leva a encontrar os grupos úteis que queremos. A solução é remover a correlação graças a um algoritmo de redução de dimensionalidade como a Análise de Componentes Principais (ACP). Cabe a você se lembrar de avaliar a escala e a correlação antes de empregar o K-means ou outras técnicas de agrupamento usando a medida de distância euclidiana.

Agrupando big data

O K-means é um modo de reduzir a complexidade dos dados resumindo os diversos exemplos no conjunto de dados. Para realizar essa tarefa, carregamos os dados na memória do computador, mas isso nem sempre será possível, ainda mais se trabalharmos com big data. O Scikit-learn oferece um modo alternativo de aplicar K-means; o `MiniBatchKMeans` é uma variante que agrupa progressivamente partes separadas de dados. Na verdade, em geral um procedimento de aprendizado em lotes processa os dados uma parte de cada vez. Há apenas duas diferenças entre a função K-means padrão e `MiniBatchKMeans`:

- » Não podemos testar automaticamente centroides iniciais diferentes a não ser que tentemos rodar a análise de novo.
- » A análise começará quando houver um lote de um número mínimo de casos. Esse valor geralmente é 100 (mas quanto mais casos, melhor é o resultado) pelo parâmetro `batch_size`.

Uma demonstração simples no conjunto de dados manuscritos anterior mostra a eficácia e a facilidade do uso da classe de agrupamento `MiniBatchKMeans`. Primeiro, o exemplo roda um teste no algoritmo K-means em todos os dados disponíveis e registra a inércia da solução:

```
k = 10
clustering = KMeans(n_clusters=k,
                    n_init=10, random_state=1)
clustering.fit(Cx)
kmeans_inertia = clustering.inertia_
print("K-means inertia: %0.1f" % kmeans_inertia)
```

Observe que a inércia resultante é 58.253,3. O exemplo testa, então, os mesmos dados e números de grupos ajustando um agrupamento `MiniBatchKMeans` em lotes pequenos separados de 100 exemplos:

```
from sklearn.cluster import MiniBatchKMeans
batch_clustering = MiniBatchKMeans(n_clusters=k,
```

```
                                random_state=1)
batch = 100
for row in range(0, len(Cx), batch):
    if row+batch < len(Cx):
        feed = Cx[row:row+batch,:]
    else:
        feed = Cx[row:,:]
    batch_clustering.partial_fit(feed)
batch_inertia = batch_clustering.score(Cx) * -1

print("MiniBatchKmeans inertia: %0.1f" % batch_inertia)
```

Esse script itera pelos índices do conjunto de dados já escalado e simplificado por ACP (`Cx`), criando lotes de 100 observações cada. Usando o método `partial_fit`, ajusta um agrupamento K-means em cada lote, usando os centroides encontrados na chamada anterior. O algoritmo para quando os dados acabam. O método `score`, aplicado a todos os dados disponíveis, relata a inércia para uma solução de 10 grupos. Agora a inércia relatada é 6.4633,6. Note que `MiniBatchKmeans` resulta em uma inércia mais alta do que o algoritmo padrão. Embora a diferença seja mínima, a solução ajustada não é a melhor, assim, você deve reservar essa abordagem para momentos em que realmente não consegue trabalhar com conjuntos de dados na memória.

Realizando Agrupamento Hierárquico

Se o algoritmo K-means se preocupa com centroides, o agrupamento hierárquico (também conhecido como aglomerativo) tenta ligar cada ponto de dado, por uma medida de distância, ao vizinho mais próximo, criando um grupo. Reiterando o algoritmo usando diferentes métodos de ligação, o algoritmo reúne todos os pontos disponíveis em um número cada vez menor de grupos até que, no fim, todos os pontos estejam reunidos em um único grupo.

Se visualizados, os resultados se parecerão muito com as classificações biológicas de seres vivos que estudamos na escola ou vemos em cartazes nos museus de história natural, uma árvore invertida cujas ramificações convergem em um tronco. Tal árvore figurativa é um *dendrograma*, usado em pesquisas médicas e biológicas. A implementação do Scikit-learn de um agrupamento aglomerativo não oferece a possibilidade de reprodução de um dendrograma a partir dos dados, pois tal técnica de visualização funciona bem em poucos casos, não com muitos exemplos.

Comparados ao K-means, os algoritmos aglomerativos são mais pesados e não escalam tão bem conjuntos de dados grandes. Eles são mais adequados para estudos estatísticos (são facilmente encontrados nas ciências naturais, na arqueologia e, às vezes, na psicologia e na economia). Esses algoritmos oferecem a vantagem da criação de uma gama completa de soluções de grupos aninhados, então basta escolher o certo para seu objetivo.

Para usar o agrupamento hierárquico de modo eficaz, é preciso conhecer os diferentes métodos de ligação (as heurísticas do agrupamento) e as métricas de distância. Existem três métodos de ligação:

- **Ward:** Tende a procurar grupos esféricos, muito coesos por dentro e extremamente diferenciados de outros grupos. Outra boa característica é que o método tende a encontrar grupos de tamanhos similares. Ele funciona apenas com a distância euclidiana.
- **Completa:** Liga os clusters usando suas observações mais distantes, isto é, seus pontos de dados mais diferentes. Consequentemente, os clusters criados usando este método tendem a ser comprimidos em observações altamente similares, fazendo com que os grupos resultantes sejam bem compactos.
- **Média:** Liga os clusters usando seus centroides e ignorando seus limites. O método cria grupos maiores do que o método completo. Além disso, os clusters têm tamanhos e formas diferentes, ao contrário das soluções de Ward. Consequentemente, essa abordagem tem usos bem-sucedidos no campo das ciências biológicas, capturando facilmente a diversidade natural.

Também existem três métricas de distância:

- **Euclidiana (métrica ou l2):** Como vista em K-means.
- **Manhattan (manhattan ou l1):** Similar à euclidiana, mas a distância é calculada pela soma do valor absoluto da diferença entre as dimensões. Em um mapa, se a distância euclidiana é o caminho mais curto entre dois pontos, a distância de Manhattan implica o movimento em linha reta, primeiro ao longo de um eixo e depois no outro — como um carro faria na cidade, chegando ao destino sendo dirigido quadra a quadra (a distância também é conhecida como geometria do táxi).
- **Cosseno:** Uma boa escolha quando há variáveis demais e algumas não são significativas (são apenas ruído). A distância dos cossenos reduz o ruído levando mais em conta a forma das variáveis do que seus valores. Ela tende a associar observações com as mesmas variáveis máxima e mínima, independente dos valores reais.

Usando uma solução de agrupamento hierárquico

Se o conjunto de dados não contiver observações demais, vale a pena experimentar um agrupamento hierárquico com todas as combinações de ligação e distância e, então, comparar os resultados com cuidado. No agrupamento, raramente sabemos a resposta correta, e o aglomerativo fornece outra solução potencialmente útil. Por exemplo, recrie a análise anterior com K-means e os dígitos manuscritos usando a ligação de Ward e a distância euclidiana como a seguir (a saída aparece na Figura 15-1):

```
from sklearn.cluster import AgglomerativeClustering
Hclustering = AgglomerativeClustering(n_clusters=10,
                                      affinity='euclidean',
                                      linkage='ward')
Hclustering.fit(Cx)
ms = np.column_stack((ground_truth,Hclustering.labels_))
df = pd.DataFrame(ms,
                  columns = ['Ground truth','Clusters'])
```

```
pd.crosstab(df['Ground truth'],
            df['Clusters'], margins=True)
```

```
In [10]: from sklearn.cluster import AgglomerativeClustering

         Hclustering = AgglomerativeClustering(n_clusters=10,
                                               affinity='euclidean',
                                               linkage='ward')
         Hclustering.fit(Cx)

         ms = np.column_stack((ground_truth,Hclustering.labels_))
         df = pd.DataFrame(ms,
                           columns = ['Ground truth','Clusters'])
         pd.crosstab(df['Ground truth'],
                     df['Clusters'], margins=True)
Out[10]:
```

Clusters	0	1	2	3	4	5	6	7	8	9	All
Ground truth											
0	0	0	0	0	0	178	0	0	0	0	178
1	1	27	154	0	0	0	0	0	0	0	182
2	0	165	10	0	1	0	1	0	0	0	177
3	0	4	13	0	0	0	166	0	0	0	183
4	1	0	4	0	1	0	0	14	0	161	181
5	168	1	0	1	0	0	11	0	0	1	182
6	0	0	1	180	0	0	0	0	0	0	181
7	1	0	1	0	0	0	0	8	169	0	179
8	2	4	167	0	0	0	1	0	0	0	174
9	3	0	29	1	0	0	143	4	0	0	180
All	176	201	379	182	2	178	322	26	169	162	1797

FIGURA 15-1: Tabulação cruzada do ground truth e dos clusters aglomerativos de Ward.

Os resultados, nesse caso, são um pouco melhores do que com K-means, embora possamos notar que completar essa análise usando essa abordagem com certeza demora mais do que usando K-means. Ao trabalhar com um número maior de observações, os cálculos para uma solução hierárquica de agrupamento demoram horas, tornando essa solução menos viável. Contorne a questão do tempo usando um agrupamento em duas fases, que é mais rápida e fornece uma solução hierárquica mesmo quando trabalhamos com grandes conjuntos de dados.

NESTE CAPÍTULO

» **Entendendo o que é um outlier**

» **Usando estatísticas simples para identificar outliers**

Capítulo **16**

Detectando Outliers nos Dados

Erros acontecem quando menos esperamos, e isso também é verdadeiro para os dados. Além do mais, erros de dados são difíceis de encontrar, sobretudo quando o conjunto contém muitas variáveis de tipos e escalas diferentes. Há diversos tipos de erros de dados. Por exemplo, os valores estão sistematicamente ausentes em certas variáveis, números errôneos aparecem em alguns lugares ou os dados incluem outliers. Um sinal vermelho aparece quando:

» Valores ausentes em certos grupos de casos ou variáveis sugerem que alguma causa específica está gerando o erro.

» Valores errôneos dependem de como a aplicação produziu ou manipulou os dados. Por exemplo, é preciso saber se a aplicação obteve dados de um instrumento de medição. As condições externas e o erro humano afetam a credibilidade dos instrumentos.

» O caso é aparentemente válido, mas bem diferente dos valores usuais que caracterizam a variável. Quando não conseguimos explicar a razão da diferença, podemos ter um caso de outlier.

Considerando a Detecção de Outliers

Por definição, *outliers* são dados que diferem significativamente (são distantes) de outros dados na amostra, e são distantes porque um ou mais valores são altos ou baixos demais quando comparados à maioria dos valores. Eles também exibem uma combinação quase única de valores. Por exemplo, se analisarmos registros de alunos matriculados em uma universidade, alunos jovens ou velhos demais chamam a atenção. Alunos com combinações estranhas de matérias também precisariam de uma análise mais cuidadosa.

Os outliers distorcem as distribuições de dados e afetam toda a tendência central básica da estatística. As médias são puxadas para mais ou para menos, influenciando todas as outras medidas descritivas. Um outlier sempre aumentará a variância e modificará as correlações, então é possível obter suposições incorretas sobre os dados e as relações entre as variáveis.

Este simples exemplo mostra o efeito (em menor escala) de um único outlier em relação a mais de mil observações regulares:

```
import matplotlib.pyplot as plt
plt.style.use('seaborn-whitegrid')
%matplotlib inline

import numpy as np
from scipy.stats.stats import pearsonr
np.random.seed(101)
normal = np.random.normal(loc=0.0, scale= 1.0, size=1000)
print('Mean: %0.3f Median: %0.3f Variance: %0.3f' %
```

```
                                        (np.mean(normal),
                                         np.median(normal),
                                         np.var(normal)))
```

Usando o gerador aleatório do NumPy, o exemplo cria a variável `normal`, que contém mil observações derivadas de uma distribuição normal padrão. As estatísticas descritivas básicas (média, mediana e variância) não mostram nada inesperado. Veja a média, a mediana e a variância resultantes:

```
Mean: 0.026 Median: 0.032 Variance: 1.109
```

Agora mudamos um único valor inserindo um valor outlier:

```
outlying = normal.copy()
outlying[0] = 50.0
print('Mean: %0.3f Median: %0.3f Variance: %0.3f' %
                                      (np.mean(outlying),
                                       np.median(outlying),
                                       np.var(outlying)))

print('Pearson''s correlation: %0.3f p-value: %0.3f' %
                              pearsonr(normal,outlying))
```

Podemos chamar essa nova variável de `outlying` e colocar um outlier nela (no índice 0, temos um valor positivo de 50,0). Agora obtemos estatísticas descritivas bem diferentes:

```
Mean: 0.074 Median: 0.032 Variance: 3.597
Pearsons correlation coefficient: 0.619 p-value: 0.000
```

A estatística mostra que a média tem um valor três vezes mais alto do que antes, e a variância também. Apenas a mediana, que depende da posição (ela informa o valor que ocupa a posição central quando todas as observações estão organizadas), não é afetada pela mudança.

Mais relevante, a correlação da variável original e da variável outlier está bem longe de ser +1.0 (o valor de correlação de uma variável em relação a si mesma), indicando que a medida da relação linear entre duas variáveis foi seriamente prejudicada.

Examinando um Método Univariado Simples

Um bom jeito de começar a procurar outliers, não importa quantas variáveis os dados tenham, é observar cada variável individualmente, usando tanto a inspeção gráfica quanto a estatística. Essa é a abordagem univariada, que possibilita a identificação de outliers dado um valor incongruente em uma variável. O pacote `pandas` facilita a identificação de outliers graças a:

- Um método `describe` direto que informa a média, a variância, os quartis e os extremos dos valores numéricos em cada variável.
- Um sistema de visualizações automáticas de diagramas de caixa.

Usar ambas as técnicas em conjunto facilita saber quando temos outliers e onde procurá-los. O conjunto de dados sobre diabetes, do módulo Scikit-learn, é um bom exemplo para começarmos.

```
from sklearn.datasets import load_diabetes
diabetes = load_diabetes()
X,y = diabetes.data, diabetes.target
```

Depois desses comandos, todos os dados estão contidos na variável `X`, um `ndarray` NumPy. O exemplo o transforma em um `pandas DataFrame` e pede algumas estatísticas descritivas (veja a saída na Figura 16-1):

```
import pandas as pd
pd.options.display.float_format = '{:.2f}'.format
df = pd.DataFrame(X)
df.describe()
```

```
In [5]: import pandas as pd
        pd.options.display.float_format = '{:.2f}'.format
        df = pd.DataFrame(X)
        df.describe()

Out[5]:
```

	0	1	2	3	4	5	6	7	8	9
count	442.00	442.00	442.00	442.00	442.00	442.00	442.00	442.00	442.00	442.00
mean	-0.00	0.00	-0.00	0.00	-0.00	0.00	-0.00	0.00	-0.00	-0.00
std	0.05	0.05	0.05	0.05	0.05	0.05	0.05	0.05	0.05	0.05
min	-0.11	-0.04	-0.09	-0.11	-0.13	-0.12	-0.10	-0.08	-0.13	-0.14
25%	-0.04	-0.04	-0.03	-0.04	-0.03	-0.03	-0.04	-0.04	-0.03	-0.03
50%	0.01	-0.04	-0.01	-0.01	-0.00	-0.00	-0.01	-0.00	-0.00	-0.00
75%	0.04	0.05	0.03	0.04	0.03	0.03	0.03	0.03	0.03	0.03
max	0.11	0.05	0.17	0.13	0.15	0.20	0.18	0.19	0.13	0.14

FIGURA 16-1: Estatísticas descritivas para um DataFrame.

Identificamos variáveis problemáticas observando as extremidades da distribuição (o valor máximo de uma variável). Por exemplo, devemos considerar se os valores mínimo e máximo estão respectivamente longe do 25º e do 75º percentis. Como mostra a saída, muitas variáveis têm valores máximos estranhamente altos. Uma análise de diagrama de caixa esclarecerá a situação. O comando a seguir cria o diagrama de caixa de todas as variáveis mostradas na Figura 16-2.

```
fig, axes = plt.subplots(nrows=1, ncols=1,
                         figsize=(10, 5))
df.boxplot(ax=axes);
```

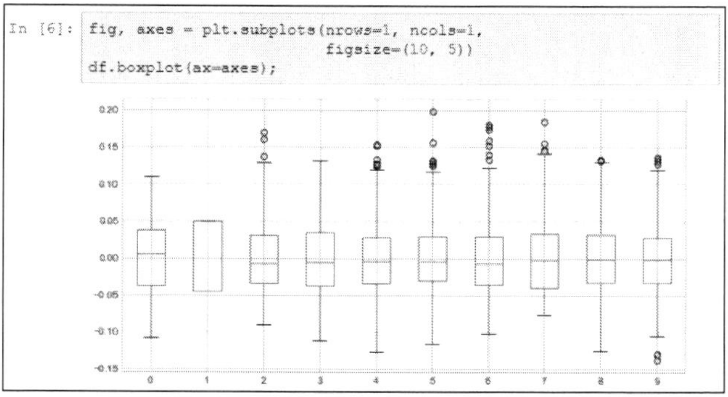

FIGURA 16-2: Diagramas de caixa.

Aproveitando a distribuição gaussiana

Outra verificação eficaz de outliers nos dados é realizada por meio do aproveitamento da distribuição normal. Mesmo que os dados não sejam normalmente distribuídos, a padronização permitirá supor certas probabilidades de encontrar valores anômalos. Por exemplo, 99,7% dos valores encontrados em uma distribuição normal padronizada devem estar dentro do intervalo de +3 e −3 desvios-padrões da média, como mostrado no código a seguir.

```
from sklearn.preprocessing import StandardScaler
Xs = StandardScaler().fit_transform(X)
# .any(1) method will avoid duplicating
df[(np.abs(Xs)>3).any(1)
```

Na Figura 16-3, vemos os resultados retratando as linhas no conjunto de dados com alguns possíveis valores outliers.

O módulo Scikit-learn fornece um modo fácil de padronizar os dados e registrar todas as transformações para uso posterior em diferentes conjuntos de dados. Isso significa que todos os dados, independentemente de serem para treinamento de aprendizado de máquina ou para fins de teste de desempenho, são padronizados da mesma forma.

```
In [7]: from sklearn.preprocessing import StandardScaler
        Xs = StandardScaler().fit_transform(X)
        # .any(1) method will avoid duplicating
        df[(np.abs(Xs)>3).any(1)]

Out[7]:
```

	0	1	2	3	4	5	6	7	8	9
58	0.04	-0.04	-0.06	0.04	0.01	-0.06	0.18	-0.08	-0.00	-0.05
123	0.01	0.05	0.03	-0.00	0.15	0.20	-0.06	0.19	0.02	0.07
216	0.01	0.05	0.04	0.05	0.05	0.07	-0.07	0.15	0.05	0.05
230	-0.04	0.05	0.07	-0.06	0.15	0.16	0.00	0.07	0.05	0.07
256	-0.05	-0.04	0.16	-0.05	-0.03	-0.02	-0.05	0.03	0.03	0.01
260	0.04	-0.04	-0.01	-0.06	0.01	-0.03	0.15	-0.08	-0.08	-0.02
261	0.05	-0.04	-0.04	0.10	0.04	-0.03	0.18	-0.08	-0.01	0.02
269	0.01	-0.04	-0.03	-0.03	0.04	-0.01	0.16	-0.08	-0.01	-0.04
322	0.02	0.05	0.06	0.06	0.02	-0.04	-0.09	0.16	0.13	0.08
336	-0.02	-0.04	0.09	-0.04	0.09	0.09	-0.06	0.15	0.08	0.05
367	-0.01	0.05	0.17	0.01	0.03	0.03	-0.02	0.03	0.03	0.03
441	-0.05	-0.04	-0.07	-0.08	0.08	0.03	0.17	-0.04	-0.00	0.00

FIGURA 16-3: Relatando possíveis exemplos de outliers.

DICA

A regra 68-95-99,7 diz que, em uma distribuição normal padrão, 68% dos valores estão dentro de um desvio-padrão, 95% estão dentro de dois desvios-padrões e 99,7% estão dentro de três desvios-padrões. Ao trabalhar com dados assimétricos, a regra 68-95-99,7 não se mantém, e, em tal situação, é necessária uma estimativa mais conservadora, como a *desigualdade de Chebyshev*, que conta com uma fórmula que diz que para k desvios-padrões em torno da média, apenas uma porcentagem de 1/k^2 casos devem estar acima da média. Portanto, fora de sete desvios-padrões em torno da média, a probabilidade de encontrar um valor legítimo é de, no máximo, 2%, independentemente de qual é a distribuição (2% é uma probabilidade baixa; seu caso é considerado um outlier).

DICA

A desigualdade de Chebyshev é conservadora. Uma alta probabilidade de ser um outlier corresponde a sete ou mais desvios-padrões a partir da média. Use-a quando for custoso considerar um valor como um outlier quando ele não é. Para todas as outras aplicações, a regra 68-95-99,7 será suficiente.

5

Aprendendo com os Dados

NESTA PARTE...

Entenda quatro algoritmos básicos, mas essenciais.

Empregue técnicas de validação cruzada, seleção e otimização.

Use truques lineares e não lineares para aumentar a complexidade.

Trabalhe com ensembles de dados para produzir um resultado melhor.

NESTE CAPÍTULO

» Usando regressões linear e logística

» Entendendo o teorema de Bayes e usando-o para classificação naïve

» Prevendo com base em casos similares com KNN

Capítulo 17

Explorando Quatro Algoritmos Simples e Eficazes

Nesta parte do livro, começaremos a explorar todos os algoritmos e instrumentos necessários para aprender com os dados (treinar um modelo com dados) e prevermos uma estimativa numérica (por exemplo, preços de moradias) ou uma classe (por exemplo, as espécies de uma flor Iris) dado qualquer exemplo novo. Neste capítulo, começamos com os algoritmos mais simples e seguimos até o mais complexo. Os quatro algoritmos deste capítulo representam um bom ponto de partida para qualquer cientista de dados.

Adivinhando com a Regressão Linear

A regressão tem um longo histórico na estatística, desde a construção de modelos lineares de dados econômicos, psicológicos, sociais ou políticos simples, mas eficazes, passando por testes de hipóteses para compreensão de diferenças de grupos, até modelagem de problemas mais complexos com valores ordinais, binários e classes múltiplas, contagens de dados e relações hierárquicas. É uma ferramenta comum no data science, o canivete suíço do aprendizado de máquina, útil para todos os problemas. Sem a maioria das propriedades estatísticas, os profissionais de data science percebem a regressão linear como um algoritmo simples, compreensível e eficaz para estimativas, e, na versão de regressão logística, também para classificação.

Definindo a família de modelos lineares

A regressão linear é um modelo estatístico que define a relação entre uma variável-alvo e um grupo de atributos preditivos, e ela faz isso com esta fórmula:

y = bx + a.

Essa fórmula se traduz em algo legível e útil para muitos problemas. Por exemplo, se estiver tentando adivinhar vendas com base em resultados históricos e dados disponíveis sobre despesas com publicidade, a mesma fórmula anterior se transforma em:

vendas = b * (despesas de publicidade) + a

DICA

Lembranças das aulas de álgebra e geometria no ensino médio dizem que a fórmula y = bx + a é uma reta em um plano coordenado formado por um eixo x (a abscissa) e um eixo y (a ordenada). A maioria dos cálculos de aprendizado de máquina é de nível médio, e o Python lida bem com eles.

A fórmula é desmistificada ao explicar seus componentes: `a` é o valor da interseção (o valor de y quando x é zero), e `b` é um coeficiente que expressa a inclinação da reta (a relação entre x e y). Se `b` for positivo, y aumenta ou diminui enquanto x aumenta ou diminui, e se `b` for negativo, y se comporta de modo contrário. Assim, `b` é a mudança da unidade em y dada a mudança da unidade em x. Quando o valor de `b` é próximo de zero, o efeito de x em y é pequeno, mas se o valor de `b` for alto, positivo ou negativo, o efeito das mudanças de x em y são grandes.

Portanto, a regressão linear encontra a melhor `y = bx + a` e representa a relação entre a variável-alvo, y, e o atributo preditivo, x. Tanto `a` (alfa) quanto `b` (coeficiente beta) são estimados com base nos dados e são encontrados usando-se o algoritmo de regressão linear para que a diferença entre todos os valores-alvo reais de y e todos os valores de y derivados da fórmula de regressão linear seja a menor possível.

Passando para a Regressão Logística

A regressão logística é similar à linear, com a única diferença sendo o dado y, que deve conter valores inteiros indicando a classe relativa à observação. Usando o conjunto de dados Iris do módulo `datasets` do Scikit-learn, os valores 0, 1 e 2 indicam três classes, que correspondem a três espécies:

```
from sklearn.datasets import load_iris
iris = load_iris()
X = iris.data[:-1,:],
y = iris.target[:-1]
```

Para facilitar o trabalho com o exemplo, deixe um único valor de fora, para que mais tarde seja usado para testar a eficácia do modelo de regressão logística.

```
from sklearn.linear_model import LogisticRegression
logistic = LogisticRegression()
logistic.fit(X, y)
single_row_pred = logistic.predict(
    iris.data[-1, :].reshape(1, -1))
single_row_pred_proba = logistic.predict_proba(
    iris.data[-1, :].reshape(1, -1))
print ('Predicted class %s, real class %s'
       % (single_row_pred, iris.target[-1]))
print ('Probabilities for each class from 0 to 2: %s'
       % single_row_pred_proba)
```

O trecho de código anterior exibe o seguinte:

```
Predicted class [2], real class 2
Probabilities for each class from 0 to 2:
  [[ 0.00168787  0.28720074  0.71111138]]
```

Ao contrário da regressão linear, a logística não só exibe a classe resultante (neste caso, a classe 2), mas também estima a probabilidade de a observação fazer parte de todas as três classes. Com base na observação usada para fazer a previsão, a regressão logística estima uma probabilidade de 71% de fazer parte da classe 2 — uma probabilidade alta, mas não é um escore perfeito, deixando uma margem para a incerteza.

Simplificando com Naïve Bayes

Você pode estar pensando por que alguém chamaria um algoritmo de Naïve Bayes. A parte naïve [em português, ingênuo] decorre da formulação. Ele faz simplificações extremas para padronizar cálculos de probabilidade. A referência a Bayes é em relação ao reverendo Bayes e ao seu teorema sobre probabilidade.

O reverendo Thomas Bayes (1701–1761) foi um estatístico e filósofo inglês que formulou o teorema durante a primeira metade do século XVIII. O teorema nunca foi publicado enquanto ele estava vivo, mas revolucionou profundamente a teoria da probabilidade ao apresentar a ideia da probabilidade condicional — isto é, probabilidade condicionada por evidência.

É claro que ajuda se começarmos pelo princípio — a própria *probabilidade*. Ela informa a possibilidade de um evento ocorrer e é expressada de forma numérica. A probabilidade de um evento é medida no intervalo de 0 a 1 (de 0% a 100%) e é empiricamente derivada da contagem do número de vezes que um evento específico ocorreu em relação a todos os eventos. Ela pode ser calculada a partir dos dados!

Quando observamos eventos (por exemplo, quando um atributo tem uma determinada característica) e queremos estimar a probabilidade associada a ele, contamos o número de vezes que a característica aparece nos dados e o dividimos pelo número total de observações disponíveis. O resultado é um número que varia de 0 a 1, expressando a probabilidade.

Quando estimamos a probabilidade de um evento, tendemos a acreditar que ela é indiscriminada. A expressão para essa crença é *a priori*, pois constitui a primeira estimativa da probabilidade em relação a um evento (o que vier primeiro à mente). Por exemplo, se estimarmos a probabilidade de uma pessoa desconhecida ser uma mulher, podemos dizer, depois de alguns cálculos, que é de 50%, que é a probabilidade a priori com que você fica.

A probabilidade a priori muda em face à evidência, isto é, algo que modifica as expectativas de forma radical. Por exemplo, a evidência de uma pessoa ser homem ou mulher com base em ter cabelo comprido ou curto. Estimamos ter cabelo comprido como um evento com 35% de probabilidade para a população geral, mas dentro da população feminina, é de 60%. Se a porcentagem for maior na população feminina, ao contrário da probabilidade geral (a priori, de ter cabelo comprido), essa informação é útil.

Imagine que seja preciso adivinhar se uma pessoa é homem ou mulher, e a evidência é a pessoa ter cabelo comprido. Isso parece um problema preditivo, e, no fim, essa situação é parecida com a previsão de uma variável categórica dos dados: temos uma variável-alvo com categorias diferentes e precisamos adivinhar a probabilidade de cada categoria com base em evidências, os dados. O reverendo Bayes forneceu uma fórmula útil:

$$P(A|B) = P(B|A)*P(A) / P(B)$$

A fórmula parece um jargão estatístico e é um pouco controversa, então ela precisa ser explicada em detalhes. Ler a fórmula com o exemplo anterior como entrada esclarece um pouco o significado por trás da fórmula:

» P(A|B) é a probabilidade de ser mulher (evento A), dado o cabelo comprido (evidência B). Essa parte da fórmula define o que você quer prever. Resumindo: ela diz que, para prever y dado x, em que y é um resultado (homem ou mulher) e x é a evidência (cabelo curto ou comprido).

» P(B|A) é a probabilidade de se ter cabelo comprido quando a pessoa é uma mulher. Nesse caso, já sabemos que é 60%. Em todo problema com dados, obtemos esse número facilmente apenas fazendo uma tabulação cruzada dos atributos com o resultado-alvo.

» P(A) é a probabilidade de ser mulher, uma possibilidade geral de 50% (a priori).

» P(B) é a probabilidade de ter cabelo comprido, que é 35% (outra a priori).

DICA

Ao ler partes da fórmula como P(A|B), leia da seguinte forma: a probabilidade de A dado B. O símbolo | é traduzido como dado. A probabilidade expressada dessa forma é condicional, pois é a probabilidade de A condicionada à evidência apresentada por B. Neste exemplo, inserindo os números na fórmula, teremos: 60% * 50% / 35% = 85,7%.

Portanto, voltando ao exemplo anterior, mesmo que ser mulher seja uma probabilidade de 50%, apenas conhecer a evidência de ter cabelo comprido a faz subir para 85,7%, que é uma probabilidade muito mais favorável. Afirmamos com maior confiança que uma pessoa com cabelo comprido é mulher, pois temos um pouco menos de 15% de chance de erro.

Descobrindo que o Naïve Bayes não é muito ingênuo

Naïve Bayes, fazendo uso da regra simples de Bayes, aproveita todas as evidências disponíveis para modificar a probabilidade base a priori das previsões. Como os dados contêm muitas evidências — isto é, muitos atributos —, formam uma grande soma de todas as probabilidades derivadas de uma fórmula simplificada de Naïve Bayes.

LEMBRE-SE

A soma das variáveis sugere que o modelo as considere como informações únicas e separadas. Mas isso não é real, pois existem aplicações em um mundo de interconexões, com cada informação se conectando a outras. Usar uma informação mais de uma vez significa dar mais ênfase a ela.

Como você não sabe (ou apenas ignora) as relações entre cada evidência, provavelmente apenas as inseriu no Naïve Bayes. O movimento ingênuo e simples de jogar tudo o que se conhece na fórmula funciona bem mesmo, e muitos estudos relatam um bom desempenho, apesar de a suposição ser muito ingênua. Tudo bem usar tudo na previsão, embora não pareça certo, dada a forte associação entre as variáveis. Veja algumas maneiras comuns de usar Naïve Bayes:

- Construção de detectores de spam (retirando todos os e-mails incômodos da caixa de entrada).
- Análise de sentimentos (adivinhando se um texto contém atitudes positivas ou negativas em relação ao assunto, e detectando o humor do orador).
- Tarefas de processamento de texto, como correção ortográfica ou adivinhar o idioma usado para escrever ou classificar o texto em uma categoria mais ampla.

Aprendendo Preguiçosamente com os Vizinhos Mais Próximos

O KNN (K-vizinhos mais próximos) não se refere à criação de regras de dados com base em coeficientes e probabilidade. O KNN funciona sobre bases de similaridades. Quando temos de prever algo como uma classe, é melhor encontrar as observações similares às que queremos classificar ou estimar. Podemos, então, derivar a resposta necessária dos casos similares.

Observar quantas observações são parecidas não implica aprender, mas, sim, medir. Como o KNN não aprende nada, é considerado preguiçoso, e por isso é chamado de aprendiz preguiçoso ou de aprendiz baseado em instância. A ideia é a de que premissas similares geralmente fornecem resultados parecidos, e é importante não se esquecer de resolver os problemas mais fáceis primeiro!

O algoritmo é rápido durante o treinamento porque tem apenas que memorizar os dados sobre as observações. Ele realmente calcula mais durante as previsões. Quando há observações demais, o algoritmo fica lento e consome muita memória. É melhor não o usar com big data ou ele poderá levar uma vida inteira para fazer uma previsão! Além do mais, esse algoritmo simples e eficaz funciona melhor quando temos grupos de dados distintos sem muitas variáveis envolvidas, pois ele também é muito sensível à maldição da dimensionalidade.

A maldição da dimensionalidade acontece à medida que o número de variáveis aumenta. Considere uma situação em que se meça a distância entre as observações e, à medida que o espaço fica maior, fica difícil encontrar vizinhos reais — um problema para o KNN, que às vezes confunde uma observação distante como próxima. Representar a ideia é como jogar xadrez em um tabuleiro multidimensional. Ao jogar no tabuleiro clássico em 2D, a maioria das peças está próxima, e você consegue identificar oportunidades e ameaças com mais facilidade para os peões quando tem 32 peças e 64 posições. No entanto, quando joga em um tabuleiro 3D, como os que aparecem em alguns filmes de ficção científica, as 32 peças se perdem nas 512 posições possíveis. Agora imagine jogar em um tabuleiro 12D. É fácil de confundir o que é perto e o que é longe, que é o que acontece com o KNN.

DICA

O KNN fica ainda mais inteligente para detectar similaridades entre observações removendo as informações redundantes e simplificando a dimensionalidade dos dados por meio das técnicas de redução de dados.

Fazendo previsões depois de observar os vizinhos

Para um exemplo mostrando como usar o KNN, comece novamente com o conjunto de dados de dígitos. O KNN é particularmente útil, assim como Naïve Bayes, quando temos de prever muitas classes, ou em situações que exigiriam a construção de muitos modelos ou que demandassem um modelo complexo.

```
from sklearn.datasets import load_digits
from sklearn.decomposition import PCA
digits = load_digits()
train = range(0, 1700)
test = range(1700, len(digits.data))
pca = PCA(n_components = 25)
pca.fit(digits.data[train])
X = pca.transform(digits.data[train])
y = digits.target[train]
tX = pca.transform(digits.data[test])
ty = digits.target[test]
```

O KNN é um algoritmo muito sensível a outliers. Além do mais, temos de mudar a escala das variáveis e remover informações redundantes. Neste exemplo, usamos a ACP. A mudança de escala não é necessária, pois os dados representam pixels, o que significa que já estão escalados.

DICA

Evite o problema dos outliers mantendo a vizinhança pequena, ou seja, sem observar exemplos similares muito distantes.

DICA

Conhecer o tipo dos dados poupa muito tempo e evita muitos erros. Por exemplo, nesse caso, sabemos que os dados representam valores de pixels. Fazer a AED é sempre o primeiro passo e fornece muitos insights úteis, mas obter informações adicionais sobre como os dados foram obtidos e o que representam também é uma boa prática, bastante útil. Para ver essa tarefa em ação, reserve os casos em `tX` e experimente alguns casos que KNN não observará ao procurar vizinhos.

```
from sklearn.neighbors import KNeighborsClassifier
kNN = KNeighborsClassifier(n_neighbors=5, p=2)
kNN.fit(X, y)
```

O KNN usa uma medida de distância para determinar quais observações considerar como possíveis vizinhos para o caso-alvo. Mude facilmente a distância predefinida usando o parâmetro `p`:

- » Quando p é 2, use a distância euclidiana.
- » Quando p é 1, use a distância métrica de Manhattan, que é a distância absoluta entre as observações. Em um quadrado 2D, quando vamos de uma esquina à oposta, a distância Manhattan é como andar pelo perímetro, enquanto a euclidiana é como caminhar na diagonal. Embora a distância Manhattan não seja a mais curta, é uma medida mais realista do que a euclidiana, e é menos sensível ao ruído e à alta dimensionalidade.

Geralmente, a distância euclidiana é a medida certa, mas às vezes dá resultados piores, especialmente quando a análise envolve muitas variáveis correlacionadas. O código a seguir mostra que a análise parece boa.

```
print('Accuracy: %.3f' % kNN.score(tX,ty) )
print('Prediction: %s Actual: %s'
      % (kNN.predict(tX[-15:,:]),ty[-15:]))
```

O código retorna a precisão e uma amostra das previsões comparáveis com os valores reais para identificar diferenças:

```
Accuracy: 0.990
Prediction: [2 2 5 7 9 5 4 8 1 4 9 0 8 9 8]
    Actual: [2 2 5 7 9 5 4 8 8 4 9 0 8 9 8]
```

NESTE CAPÍTULO

» Entendendo o sobreajuste e o subajuste

» Escolhendo a métrica certa para monitorar

» Fazendo a validação cruzada dos resultados e mais

Capítulo 18

Validação Cruzada, Seleção e Otimização

Os algoritmos de aprendizado de máquina realmente aprendem com os dados. É uma questão de aprender pela indução, que é um processo de extração de regras gerais de exemplos específicos. É comum desde crianças os seres humanos aprenderem pela observação de exemplos, derivando regras ou ideias gerais, e então as aplicarem com sucesso a novas situações, conforme se desenvolvem. Por exemplo, se vemos alguém queimado depois de pôr a mão no fogo, entendemos que o fogo é perigoso, e não precisamos tocá-lo para saber disso.

Aprender pelo exemplo usando algoritmos de máquina envolve armadilhas. Veja algumas questões inerentes:

- Não há exemplos suficientes para fazer um julgamento sobre uma regra, independentemente de qual algoritmo de aprendizado se use.
- A aplicação do aprendizado de máquina recebe os exemplos errados e, consequentemente, não os infere corretamente.

» Mesmo quando a aplicação vê exemplos corretos o suficiente, ainda não consegue entender as regras, por serem muito complexas. Sir Isaac Newton, o pai da Física moderna, narrou a história de que foi inspirado pela queda de uma maçã de uma árvore em sua formulação da lei da gravidade. Infelizmente, derivar a lei universal de uma série de observações não é uma consequência automática para a maioria de nós, e o mesmo se aplica aos algoritmos.

Ponderando o Ajuste do Modelo

Ajustar um modelo implica aprender com os dados uma representação das regras que os geraram. De uma perspectiva matemática, é como adivinhar uma função desconhecida do tipo que encontrávamos no ensino médio, como `y = 4x^2 + 2x`, apenas observando os resultados de `y`. Portanto, por debaixo dos panos, esperamos que os algoritmos de aprendizado de máquina gerem formulações matemáticas determinando como a realidade funciona, baseados nos exemplos fornecidos.

A fórmula linear `y = Bx + a`, que representa matematicamente uma reta em um plano, muitas vezes aproxima bem os dados de treinamento, mesmo que não represente uma reta ou nada similar. Assim como acontece com a regressão linear, todos os outros algoritmos de aprendizado de máquina têm uma formulação própria (e alguns, como as redes neurais, exigem que a formulação seja definida do zero). A fórmula de regressão linear é uma das mais simples; as de outros algoritmos de aprendizado são bem complexas. Não é preciso saber seu funcionamento exato, mas é preciso se ter uma ideia de sua complexidade, se representam uma reta ou uma curva e se conseguem sentir outliers e dados ruidosos. Ao planejar aprender com os dados, aborde estes aspectos problemáticos com base na formulação que pretender usar:

1. **Se o algoritmo de aprendizado é o melhor que consegue aproximar a função desconhecida imaginada por trás dos dados utilizados. Para tomar tal decisão, considere o desempenho da formulação do algoritmo de aprendizado nos dados e compare às outras formulações alternativas de outros algoritmos.**

2. **Se a formulação específica do algoritmo de aprendizado é simples demais em relação à função oculta para fazer uma estimativa (isso é chamado de viés).**

3. **Se a formulação específica do algoritmo de aprendizado é complexa demais em relação à função oculta para ser estimada (levando ao problema de variância).**

LEMBRE-SE

Nem todos os algoritmos são adequados para todos os problemas de dados. Se não houver dados suficientes ou se estiverem cheios de informações errôneas, será muito difícil para algumas formulações descobrir a função real.

Entendendo o viés e a variância

Se o algoritmo escolhido não conseguir aprender adequadamente com os dados e nem tiver um bom desempenho, a causa é um viés ou variância nas estimativas.

- **Viés:** Dada a simplicidade da formulação, seu algoritmo tende a superestimar ou a subestimar as regras reais por trás dos dados e erra sistematicamente em certas situações. Algoritmos simples têm viés alto; com poucos parâmetros internos, eles tendem a representar bem apenas formulações simples.
- **Variância:** Dada a complexidade da formulação, o algoritmo tende a aprender informações demais com os dados e a detectar regras inexistentes, o que faz as previsões serem erráticas ao encarar novos dados. A variância é um problema conectado à memorização. Algoritmos complexos memorizam atributos de dados graças ao alto número de parâmetros internos. Contudo, a memorização não sugere nenhuma compreensão das regras.

O viés e a variância dependem da complexidade da formulação no núcleo do algoritmo de aprendizado em relação à complexidade da formulação presumida como tendo gerado os dados que são observados. No entanto, ao considerar um problema específico usando as regras de dados disponíveis, é melhor ter viés ou variância altos quando:

» **Há poucas observações:** Algoritmos mais simples têm um desempenho melhor, não importa qual seja a função desconhecida. Algoritmos complexos tendem a aprender demais com os dados, estimando com imprecisão.

» **Há muitas observações:** Algoritmos complexos sempre reduzem a variância. Essa redução ocorre porque até mesmo os algoritmos complexos não conseguem aprender tanto com os dados, então aprendem apenas as regras, não algum ruído errático.

» **Há muitas variáveis:** Dado que também haja muitas observações, os algoritmos mais simples tendem a encontrar um modo de aproximar até mesmo as funções ocultas complexas.

Fazendo uma Validação Cruzada

Se os conjuntos de teste fornecem resultados instáveis por causa da amostragem, a solução é amostrar sistematicamente um certo número de conjuntos de teste e, depois, tirar a média dos resultados. É uma abordagem estatística (observar muitos resultados e tirar a média deles), e é a base da validação cruzada. A receita é bem direta:

1. **Divida seus dados em folds (cada *fold* é um subconjunto que contém uma distribuição igual de casos), geralmente 10, mas tamanhos de 3, 5 e 20 também são alternativas viáveis.**
2. **Reserve um fold como conjunto de teste e use os outros como conjuntos de treinamento.**
3. **Treine e registre o resultado do conjunto de teste. Se tiver poucos dados, é melhor usar um número maior de folds, pois a quantidade dos dados e o uso de folds adicionais afeta positivamente a qualidade do treinamento.**
4. **Repita os Passos 2 e 3, usando cada um dos outros folds como conjunto de teste a cada vez.**
5. **Calcule a média e o desvio-padrão dos resultados de teste de todos os folds. A média é uma estimadora confiável da qualidade**

do seu preditor. O desvio-padrão informará a confiabilidade do preditor (se for alto demais, o erro de validação cruzada é impreciso). Espere que os preditores com variância alta tenham um desvio-padrão de validação cruzada alto.

Embora essa técnica pareça complicada, o Scikit-lear lida com ela usando as funções do módulo `sklearn.model_selection`.

Usando a validação cruzada em k folds

Para rodar a validação cruzada, é preciso primeiro inicializar um iterador. O `KFold` é o iterador que implementa a validação cruzada k folds. Há outros iteradores disponíveis no módulo `sklearn.model_selection`, em sua maioria, derivados da prática estatística, mas o `KFold` é o mais usado na prática de data science.

`KFold` exige a especificação do número `n_splits` (o número de folds a ser gerado) e indica se os dados serão embaralhados (usando o parâmetro `shuffle`). Como regra, quanto maior a variância esperada, mais o aumento do número de folds melhora a estimativa da média. É uma boa ideia embaralhar os dados, porque dados ordenados geram confusão no processo de aprendizado para alguns algoritmos se as primeiras observações forem diferentes das últimas.

Depois de configurar `KFold`, chame a função `cross_val_score`, que retorna um array de resultados contendo um escore (da função de escore) para cada fold de validação cruzada. Forneça a `cross_val_score` aos dados (`X` e `y`) como entrada, seu estimador (a classe de regressão) e o iterador `KFold` previamente instanciado (como o parâmetro `cv`). Em uma questão de poucos segundos ou minutos, dependendo do número de folds e dados processados, a função retorna os resultados. Tire a média desses resultados para obter a estimativa média e calcule o desvio-padrão para verificar a estabilidade da média.

```
from sklearn.model_selection import cross_val_score,
KFold
import numpy as np
```

```
crossvalidation = KFold(n_splits=10, shuffle=True,
random_state=1)
scores = cross_val_score(regression, X, y,
    scoring='neg_mean_squared_error', cv=crossvalidation,
n_jobs=1)
print('Folds: %i, mean squared error: %.2f std: %.2f' %
    (len(scores),np.mean(np.abs(scores)),np.std(scores)))
```

Veja o resultado:

```
Folds: 10, mean squared error: 23.76 std: 12.13
```

DICA

A validação cruzada atua em paralelo, pois nenhuma estimativa depende de outra. Aproveite os múltiplos cores do computador configurando o parâmetro `n_jobs=-1`.

Amostrando estratificações para dados complexos

Os folds de validação cruzada são decididos por meio da amostragem aleatória. Às vezes é necessário acompanhar se há uma determinada característica neles e quanto dela aparece, a fim de evitar amostras malformadas. Por exemplo, o conjunto de dados Boston tem uma variável binária (um atributo com valor 1 ou 0) indicando se a casa está nas margens do rio Charles. Essa informação é importante para entender o valor da casa e determinar se as pessoas estariam dispostas a pagar mais por ela. O código a seguir mostra o efeito dessa variável:

```
%matplotlib inline
import pandas as pd
df = pd.DataFrame(X, columns=boston.feature_names)
df['target'] = y
df.boxplot('target', by='CHAS', return_type='axes');
```

Um diagrama de caixa, representado na Figura 18-1, revela que as casas à beira do rio tendem a ter valores mais altos do que as outras. É claro que há casas caras por toda a cidade de Boston, mas fique de olho em quantas casas próximas do rio está analisando, pois o modelo precisa ser geral para toda a Boston, não apenas para as casas do rio Charles.

```
In [8]: %matplotlib inline
        import pandas as pd
        df = pd.DataFrame(X, columns=boston.feature_names)
        df['target'] = y
        df.boxplot('target', by='CHAS', return_type='axes');
```

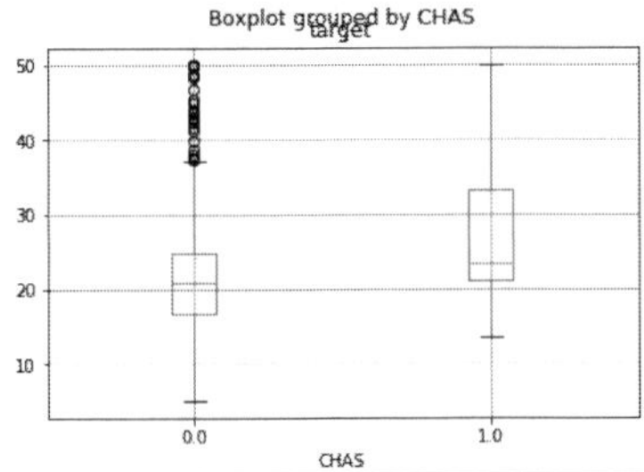

FIGURA 18-1: Diagrama de caixa do resultado-alvo, agrupado por CHAS.

Em situações parecidas, quando uma característica é rara ou influente, não temos certeza quando ela está presente na amostra, pois os folds são criados de modo aleatório. Ter muito ou pouco de uma característica específica em cada fold implica que o algoritmo de aprendizado de máquina derive regras incorretas.

A classe `StratifiedKFold` oferece um modo simples de controlar o risco de criar amostras malformadas durante procedimentos de validação cruzada. Ela controla a amostragem para que determinados atributos, ou até certos resultados (quando as classes-alvo são extremamente desequilibradas), estejam sempre presentes nos folds na proporção correta. Basta apontar a variável que deseja controlar usando o parâmetro `y`, como no código a seguir.

```
from sklearn.model_selection import StratifiedShuffleSplit
from sklearn.metrics import mean_squared_error
strata = StratifiedShuffleSplit(n_splits=3,
                                test_size=0.35,
                                random_state=0)
scores = list()
for train_index, test_index in strata.split(X, X[:,3]):
    X_train, X_test = X[train_index], X[test_index]
    y_train, y_test = y[train_index], y[test_index]
```

```
    regression.fit(X_train, y_train)
    scores.append(mean_squared_error(y_true=y_test,
                               y_pred=regression.predict(X_test)))
print('%i folds cv mean squared error: %.2f std: %.2f' %
      (len(scores),np.mean(np.abs(scores)),np.std(scores)))
```

O resultado da validação cruzada estratificada de 3 folds é:

```
3 folds cv mean squared error: 24.30 std: 3.99
```

Embora o erro de validação seja similar, ao controlar a variável `CHAR`, o erro-padrão das estimativas diminui, deixando você ciente de que a variável estava influenciando os resultados anteriores.

Aumentando os Hiperparâmetros

Como último exemplo para este capítulo, veremos os procedimentos para buscar hiperparâmetros ideais para um algoritmo de aprendizado de máquina, a fim de alcançar o melhor desempenho preditivo possível. Na verdade, boa parte do desempenho do algoritmo já foi decidido pela:

- **Escolha do algoritmo:** Nem todo algoritmo de aprendizado de máquina é uma boa escolha para todo tipo de dado, e escolher o certo para os dados faz muita diferença.
- **Seleção das variáveis certas:** O desempenho preditivo é aumentado drasticamente pela criação de atributos (variáveis novas são mais preditivas do que as antigas) e seleção de atributos (removendo redundâncias e ruído).

O ajuste dos hiperparâmetros corretos confere uma generalização preditiva ainda melhor e aumenta os resultados, especialmente no caso de algoritmos complexos, que não funcionam bem usando as configurações-padrões disponíveis.

O módulo `sklearn.grid_search` do Scikit-learn é especializado em otimização de hiperparâmetros, e ele contém alguns utilitários para automatizar e simplificar o processo de buscar os melhores valores dos hiperparâmetros. O código nos parágrafos a seguir fornece uma ilustração dos procedimentos corretos, começando pelo carregamento do conjunto de dados Iris na memória:

```
import numpy as np
from sklearn.datasets import load_iris
iris = load_iris()
X, y = iris.data, iris.target
```

O exemplo se prepara para realizar sua tarefa carregando o conjunto de dados Iris e a biblioteca NumPy. A essa altura, o exemplo otimiza um algoritmo de aprendizado de máquina para prever espécies de Iris.

Implementando uma busca na matriz

A melhor forma de verificar os melhores hiperparâmetros para um algoritmo é testá-los e escolher a melhor combinação. Isso significa, no caso de configurações complexas de múltiplos parâmetros, que é preciso rodar centenas, se não milhares, de modelos ajustados de forma levemente diferente. A *busca em grade* é um método de procura sistemática que mescla todas as combinações possíveis dos hiperparâmetros em conjuntos individuais. É uma técnica demorada, mas que oferece uma das melhores maneiras de otimizar uma aplicação de aprendizado de máquina, que teria muitas combinações funcionais, mas apenas uma perfeita. Os hiperparâmetros que podem ter muitas soluções aceitáveis (chamados de *mínimos locais*) podem fazê-lo pensar que encontrou a melhor solução, quando, na verdade, ainda há como melhorar o desempenho.

DICA

A busca na matriz é fácil de realizar como uma tarefa paralela, porque os resultados de uma combinação testada de hiperparâmetros são independentes dos resultados de outras. Usar um computador multicore em sua potência máxima requer a mudança de `n_jobs` para -1 durante a instanciação de qualquer classe de busca na matriz no Scikit-learn.

No exemplo para demonstrar como implementar uma busca em grade de maneira eficaz, usamos um dos algoritmos simples visto anteriormente, o classificador K-neighbors (K-vizinhos):

```
from sklearn.neighbors import KNeighborsClassifier
classifier = KNeighborsClassifier(n_neighbors=5,
    weights='uniform', metric= 'minkowski', p=2)
```

Ele tem alguns hiperparâmetros, que, configurados, asseguram um desempenho ideal:

- O número de pontos vizinhos a serem considerados na estimativa.
- Como ponderar cada um deles.
- Qual métrica usar para encontrar os vizinhos.

Usando um intervalo de valores possíveis para todos os parâmetros, percebe-se facilmente que um grande número de modelos será testado — exatamente 40, nesse caso:

```
grid = {'n_neighbors': range(1,11),
        'weights': ['uniform', 'distance'], 'p': [1,2]}
print ('Number of tested models: %i'
    % np.prod([len(grid[element]) for element in grid]))
score_metric = 'accuracy'
```

O código multiplica o número de todos os parâmetros testados e exibe o resultado:

```
Number of tested models: 40
```

Para configurar as instruções de busca, é preciso construir um dicionário Python cujas chaves sejam os nomes dos parâmetros e cujos valores sejam listas dos valores que queremos testar. Por exemplo, aqui registramos um intervalo de 1 a 10 para o hiperparâmetro `n_neighbors` usando o iterador `range(1,11)`, que produz a sequência de números durante a busca na matriz.

Antes de começar, também descobrimos qual é o escore de validação cruzada com um modelo "vanilla", um modelo com os seguintes parâmetros padrões:

```
from sklearn.model_selection import cross_val_score
print('Baseline with default parameters: %.3f'
      % np.mean(cross_val_score(classifier, X, y,
                cv=10, scoring=score_metric, n_jobs=1)))
```

Ao anotar o resultado, tem-se como determinar o ganho promovido pela otimização:

```
Baseline with default parameters: 0.967
```

Usando a métrica de acurácia (a porcentagem de respostas exatas), o exemplo testa primeiro a linha de base, que consiste nos parâmetros padrões do algoritmo (também explicados ao instanciar a variável `classifier` com sua classe). É difícil melhorar uma precisão alta de 0,967 (ou 96,7%), mas a busca localizará a resposta usando a validação cruzada com dez folds.

```
from sklearn.model_selection import GridSearchCV
search = GridSearchCV(estimator=classifier,
                      param_grid=grid,
                      scoring=score_metric,
                      n_jobs=1,
                      refit=True,
                      return_train_score=True,
                      cv=10)
search.fit(X,y)
```

Depois de ser instanciada com o algoritmo de aprendizado, o dicionário de busca, a métrica de pontuação e os folds de validação cruzada, a classe `GridSearch` opera com o método `fit`. Opcionalmente, depois de finalizada a busca na matriz, ela reajusta o modelo com a melhor combinação de parâmetros encontrada (`refit=True`), possibilitando o início imediato da previsão usando a própria classe `GridSearch`. Por fim, exibimos os melhores parâmetros resultantes e o escore da melhor combinação:

```
print('Best parameters: %s' % search.best_params_)
print('CV Accuracy of best parameters: %.3f' %
      search.best_score_)
```

Eis os valores impressos:

```
Best parameters: {'n_neighbors': 9, 'weights': 'uniform',
                  'p': 1}
CV Accuracy of best parameters: 0.973
```

Quando a pesquisa for finalizada, inspecione os resultados usando os atributos `best_params_` e `best_score:_`. A melhor precisão encontrada foi 0,973, uma melhoria em comparação à linha de base (baseline) inicial. Também podemos inspecionar a sequência completa de escores de validação cruzada obtidos e seus desvios-padrões:

```
print(search.cv_results_)
```

Observando o grande número de combinações testadas, é notável que muitas obtiveram um escore de 0,973 quando as combinações tinham nove ou dez vizinhos. Para entender melhor como a otimização funciona em relação ao número de vizinhos usados em seu algoritmo, inicie uma classe Scikit-learn para visualização. O método `validation_curve` fornece informações detalhadas de como `train` e `validation` se comportam quando usados com diferentes hiperparâmetros `n_neighbors`.

```
from sklearn.model_selection import validation_curve
model = KNeighborsClassifier(weights='uniform',
                             metric= 'minkowski', p=1)
train, test = validation_curve(model, X, y,
                               param_name='n_neighbors',
                               param_range=range(1, 11),
                               cv=10, scoring='accuracy',
                               n_jobs=1)
```

A classe `validation_curve` oferece dois arrays contendo os resultados organizados com os valores de parâmetros em linhas e os folds da validação cruzada em colunas.

```
import matplotlib.pyplot as plt
mean_train  = np.mean(train,axis=1)
mean_test   = np.mean(test,axis=1)
plt.plot(range(1,11), mean_train,'ro--', label='Training')
plt.plot(range(1,11), mean_test,'bD-.', label='CV')
plt.grid()
plt.xlabel('Number of neighbors')
plt.ylabel('accuracy')
plt.legend(loc='upper right', numpoints= 1)
plt.show()
```

Projetar a linha significa criar uma visualização gráfica, como mostrado na Figura 18-2, que o ajuda a entender o que está acontecendo com o processo de aprendizado.

A visualização confere duas informações:

- O pico de precisão da validação cruzada usando nove vizinhos é maior do que o escore de treinamento, que deveria ser sempre melhor do que qualquer escore de validação cruzada. O escore mais alto sugere que o exemplo sobreajustou a validação cruzada e que a obtenção de um escore tão bom de validação cruzada foi pura sorte.

» O segundo pico de precisão da validação cruzada, com cinco vizinhos, está próximo dos resultados mais baixos. Áreas com boas pontuações geralmente circundam valores ideais, então esse pico é um pouco suspeito.

```
In [22]: import matplotlib.pyplot as plt
         mean_train  = np.mean(train,axis=1)
         mean_test   = np.mean(test,axis=1)
         plt.plot(range(1,11), mean_train,'ro--', label='Training')
         plt.plot(range(1,11), mean_test,'bD-.', label='CV')
         plt.grid()
         plt.xlabel('Number of neighbors')
         plt.ylabel('accuracy')
         plt.legend(loc='upper right', numpoints= 1)
         plt.show()
```

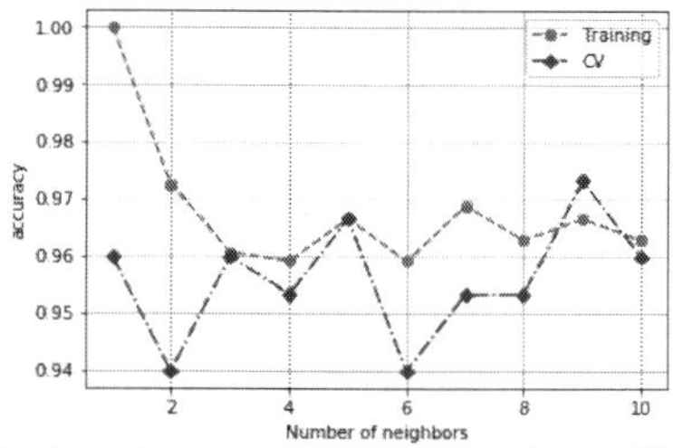

FIGURA 18-2: Curvas de validação.

Com base na visualização, aceite a solução de nove vizinhos (é a mais alta e está, de fato, cercada por outras soluções aceitáveis). Como alternativa, dado que os nove vizinhos são uma solução no limite da busca, inicie uma nova busca na matriz, ampliando o limite até um número mais alto de vizinhos (acima de dez), a fim de verificar se a precisão se estabiliza, se diminui ou até se melhora.

DICA

Faz parte do processo de data science questionar, testar e questionar novamente. Embora o Python e seus pacotes ofereçam muitos processos automatizados em aprendizado e descobertas de dados, cabe a você fazer as perguntas certas e verificar se as respostas são as melhores usando testes estatísticos e visualizações.

NESTE CAPÍTULO

» Expandindo os atributos com polinômios

» Aprendendo com big data

» Usando redes neurais

Capítulo 19

Truques Lineares e Não Lineares

Os capítulos anteriores lhe apresentaram alguns dos algoritmos de aprendizado de máquina mais simples, mas eficazes, como as regressões linear e logística, Naïve Bayes e KNN. Este capítulo explora técnicas ainda mais complexas e poderosas de aprendizado de máquina, incluindo pensar em como melhorar os dados e as estimativas com a regularização, e aprender com big data dividindo-o em pedaços funcionais.

Usando Transformações Não Lineares

Modelos lineares, como as regressões linear e logística, são, na verdade, combinações lineares que somam seus atributos (ponderados por coeficientes aprendidos) e fornecem um modelo simples, mas eficaz. Na maior parte das situações, oferecem uma boa aproximação da realidade complexa que representam. Apesar de serem caracterizados por um viés alto, o uso de um número grande de observações melhora os coeficientes e os torna mais competitivos quando comparados a algoritmos complexos.

No entanto, eles têm um desempenho melhor na resolução de certos problemas se os dados forem previamente analisados usando a abordagem da Análise Exploratória de Dados (AED). Depois da análise, transforme e enriqueça os atributos existentes:

- » Linearizando as relações entre atributos e variáveis-alvo usando transformações que aumentem a correlação e façam a nuvem de pontos no diagrama de dispersão ficar mais parecida com uma reta.
- » Fazendo com que as variáveis interajam, multiplicando-as para que representem melhor o comportamento conjunto.
- » Expandindo as variáveis existentes usando a expansão polinomial a fim de representar as relações de forma mais realista (como curvas de ponto ideal, quando há um pico na variável representando um máximo, parecido com uma parábola).

Fazendo transformações de variáveis

O melhor jeito de explicar o tipo de transformações aplicáveis aos dados para melhorar o modelo linear é utilizar um exemplo. O desta seção usa o conjunto de dados de Boston. O problema usa regressão, e os dados têm originalmente dez variáveis para explicar os diferentes preços de moradias em Boston durante a década de 1970. O conjunto tem uma ordem implícita, e, felizmente, ela não influencia a maioria dos algoritmos, pois eles aprendem os dados como um todo. Quando um algoritmo aprende de modo progressivo, a ordem interfere na construção do modelo. Usando-se `seed` (para fixar uma sequência preordenada de números aleatórios) e `shuffle` do pacote `random` (para embaralhar o índice), o conjunto de dados é reindexado.

```
From sklearn.datasets import load_boston
import random
from random import shuffle

boston = load_boston()
random.seed(0) # Creates a replicable shuffling
```

```
new_index = list(range(boston.data.shape[0]))
shuffle(new_index) # shuffling the index
X, y = boston.data[new_index], boston.target[new_index]
print(X.shape, y.shape, boston.feature_names)
```

No código, `random.seed(0)` cria uma operação de embaralhamento replicável, e `shuffle(new_index)`, o novo índice embaralhado, que reorganiza os dados. Depois, o código exibe as formas `X` e `y`, bem como a lista de variáveis do conjunto de dados:

```
(506, 13) (506,) ['CRIM' 'ZN' 'INDUS' 'CHAS' 'NOX' 'RM' 'AGE'
'DIS' 'RAD' 'TAX' 'PTRATIO' 'B' 'LSTAT']
```

Converter o array de previsores e a variável-alvo em um `pandas DataFrame` ajuda a suportar série de explorações e operações nos dados. Além do mais, embora o Scikit-learn exija um `ndarray` como entrada, aceita objetos `DataFrame`.

```
import pandas as pd
df = pd.DataFrame(X,columns=boston.feature_names)
df['target'] = y
```

A melhor maneira de identificar possíveis transformações é pela exploração gráfica, e o uso de um diagrama de dispersão diz muito sobre duas variáveis. É preciso tornar a relação entre os previsores e o resultado-alvo o mais linear possível, então tente várias combinações, como a seguinte:

```
ax = df.plot(kind='scatter', x='LSTAT', y='target', c='b')
```

Regularizando Modelos Lineares

Os modelos lineares têm um viés alto, mas à medida que atributos, iterações e transformações são acrescentados, eles começam a ganhar adaptabilidade às características dos dados e poder de memorização de ruído de dados, aumentando, assim, a variância das estimativas. Trocar uma variância alta por menos viés nem sempre é a melhor escolha, mas, como já mencionado, às vezes é a única maneira de aumentar o poder preditivo dos algoritmos lineares.

Acrescente as regularizações L1 e L2 para controlar o compromisso entre viés e variância em favor de uma maior capacidade de generalização do modelo. Ao acrescentar uma das regularizações, uma função aditiva que depende da complexidade do modelo linear penaliza a função de custo otimizado. Na regressão linear, a função de custo é o erro quadrático das previsões, e é penalizada usando-se a soma dos coeficientes das variáveis previsoras.

Se o modelo é complexo, mas o ganho preditivo é pequeno, a penalização força o procedimento de otimização a remover as variáveis inúteis, ou reduzir o impacto na estimativa. A regularização também age em atributos altamente correlacionados — atenuando ou excluindo a contribuição, de modo a estabilizar os resultados e reduzir a consequente variância das estimativas:

- **L1 (também chamada de Lasso):** Encolhe alguns coeficientes a zero, tornando-os esparsos. Realiza seleção de variáveis.
- **L2 (também chamada de Ridge):** Reduz os coeficientes dos atributos mais problemáticos, tornando-os menores, mas raramente iguais a zero. Todos os coeficientes continuam participando da estimativa, mas muitos ficam pequenos e irrelevantes.

LEMBRE-SE

Controle a força da regularização usando um hiperparâmetro, geralmente um coeficiente, muitas vezes chamado de alfa. Quando alfa se aproxima de 1,0, temos uma regularização mais forte e uma redução maior dos coeficientes. Em alguns casos, os coeficientes são reduzidos a zero. Não confunda alfa com `C`, um parâmetro usado por `LogisticRegression` e por máquinas de vetores de suporte, porque C é `1/alpha`, então pode ser maior do que 1. Números `C` menores significam mais regularização, exatamente o oposto de `alpha`.

DICA

A regularização funciona porque é a soma dos coeficientes das variáveis preditoras, então é importante que tenham a mesma escala, ou a regularização terá dificuldades para convergir, e as variáveis com valores de coeficientes absolutos maiores a influenciarão mais, gerando uma regularização ineficaz. Uma boa prática é padronizar os valores previsores ou ligá-los a um min-max comum, como o intervalo `[-1,+1]`.

Dependendo da regressão de Ridge (L2)

O primeiro exemplo usa o tipo de regularização L2, reduzindo a força dos coeficientes. A classe `Ridge` implementa L2 para a regressão linear. Seu uso é simples; ele apresenta apenas o parâmetro alfa para fixar. `Ridge` também tem outro parâmetro, `normalize`, que normaliza automaticamente os previsores inseridos a média zero e variância unitária.

```
from sklearn.model_selection import GridSearchCV
from sklearn.linear_model import Ridge
ridge = Ridge(normalize=True)
search_grid = {'alpha':np.logspace(-5,2,8)}
search = GridSearchCV(estimator=ridge,
                      param_grid=search_grid,
                      scoring='neg_mean_squared_error',
                      refit=True, cv=10)
search.fit(polyX,y)
print('Best parameters: %s' % search.best_params_)
score = abs(search.best_score_)
print('CV MSE of best parameters: %.3f' % score)
```

Depois de procurar o melhor parâmetro alfa, o melhor resultado é:

```
Best parameters: {'alpha': 0.001}
CV MSE of best parameters: 11.630
```

Usando Lasso (L1)

O segundo exemplo usa a regularização L1, a classe `Lasso`, cuja principal característica é reduzir o efeito de coeficientes menos úteis em direção a zero. Essa ação força a escassez nos coeficientes, com poucos com valores acima de zero. A classe usa os mesmos parâmetros da classe Ridge.

```
from sklearn.linear_model import Lasso
lasso = Lasso(normalize=True,tol=0.05, selection='random')
search_grid = {'alpha':np.logspace(-2,3,8)}
search = GridSearchCV(estimator=lasso,
                      param_grid=search_grid,
                      scoring='neg_mean_squared_error',
                      refit=True, cv=10)
search.fit(polyX,y)
print('Best parameters: %s' % search.best_params_)
score = abs(search.best_score_)
print('CV MSE of best parameters: %.3f' % score)
```

Ao configurar `Lasso`, o código usa um algoritmo menos sensível (`tol=0.05`) e uma abordagem aleatória para a otimização (`selection='random'`). O erro quadrático médio obtido é mais alto do que ao usar a regularização L2:

```
Best parameters: {'alpha': 1e-05}
CV MSE of best parameters: 12.432
```

Lutando com Big Data Parte a Parte

Até agora, lidamos com pequenos bancos de dados de exemplo. Os dados reais, além de serem uma bagunça, também costumam ser bem grandes — às vezes tão grandes, que não cabem na memória, não importando as especificações de memória de sua máquina.

Implementando a descida do gradiente estocástico

Quando temos dados demais, o Regressor Descida do Gradiente Estocástico (`SGDRegressor`) ou o Classificador Descida do Gradiente Estocástico (`SGDClassifier`) funcionam como previsores lineares. A única diferença dos outros métodos descritos anteriormente é que eles realmente otimizam os coeficientes usando apenas uma observação de cada vez, então exigem mais iterações antes que o código alcance resultados comparáveis usando a regressão ridge ou lasso, mas requerem muito menos tempo e memória.

Isso porque ambos os previsores usam a otimização Descida do Gradiente Estocástico (SGD) — um tipo de otimização em que o ajuste de parâmetro ocorre depois da entrada de todas as observações, levando a uma jornada mais longa e um pouco mais instável em direção à minimização da função de erro. É claro que a otimização baseada em observações individuais, e não em enormes matrizes de dados, tem um impacto benéfico tremendo no tempo de treinamento do algoritmo e na quantidade de recursos de memória.

Ao usar SGDs, além das funções de custo diferentes que devem ser testadas para o desempenho, há também as regularizações L1, L2 e Elasticnet, basta configurar o parâmetro `penalty` e os parâmetros controladores `alpha` e `l1_ratio` correspondentes. Algumas das SGDs são mais resistentes a outliers, como `modified_huber` para classificação ou `huber` para regressão.

LEMBRE-SE

A SGD é sensível à escala das variáveis, e não apenas por causa da regularização, mas pelo funcionamento interno. Como consequência, temos sempre que padronizar os atributos (por exemplo, usando `StandardScaler`) ou forçá-los em um intervalo `[0,+1]` ou `[-1,+1]`. Não fazer isso acarreta resultados ruins.

DICA

Ao usar SGDs, sempre lidamos com grupos de dados, a não ser que todos os dados de treinamento sejam colocados na memória. Para que o treinamento seja eficaz, padronize-o, fazendo com que `StandardScaler` infira a média e o desvio-padrão a partir dos primeiros dados disponíveis. A média e o desvio-padrão do conjunto de dados inteiro provavelmente são diferentes, mas a transformação por uma estimativa inicial bastará para desenvolver um procedimento funcional de aprendizado.

```
from sklearn.linear_model import SGDRegressor
from sklearn.preprocessing import StandardScaler

SGD = SGDRegressor(loss='squared_loss',
                   penalty='l2',
                   alpha=0.0001,
                   l1_ratio=0.15,
                   max_iter=2000,
                   random_state=1)
scaling = StandardScaler()
scaling.fit(polyX)
scaled_X = scaling.transform(polyX)
cv = cross_val_score(SGD, scaled_X, y,
         scoring='neg_mean_squared_error',
         cv=crossvalidation)
score = abs(np.mean(cv))
print('CV MSE: %.3f' % score)
```

O erro quadrático médio resultante depois de rodar `SGDRegressor` é:

```
CV MSE: 12.179
```

No exemplo anterior, usamos o método `fit`, que requer o carregamento antecipado de todos os dados de treinamento na memória. Outra opção é treinar o modelo em passos sucessivos usando o método `partial_fit`, que executa uma única iteração nos dados fornecidos, depois os mantém na memória e os ajusta ao receber dados novos. Desta vez, o código usa um número maior de iterações:

```
from sklearn.metrics import mean_squared_error
from sklearn.model_selection import train_test_split

X_tr, X_t, y_tr, y_t = train_test_split(scaled_X, y,
                                        test_size=0.20,
                                        random_state=2)
SGD = SGDRegressor(loss='squared_loss',
                   penalty='l2',
                   alpha=0.0001,
                   l1_ratio=0.15,
                   max_iter=2000,
                   random_state=1)
improvements = list()
for z in range(10000):
    SGD.partial_fit(X_tr, y_tr)
    score = mean_squared_error(y_t, SGD.predict(X_t))
    improvements.append(score)
```

Tendo acompanhado as melhorias parciais do algoritmo durante `10000` iterações dos mesmos dados, produzimos um gráfico e entendemos como as melhorias funcionam, como mostra o código a seguir. Note que os dados usados em cada passo nem sempre são iguais.

```
import matplotlib.pyplot as plt
plt.figure(figsize=(8, 4))
plt.subplot(1,2,1)
range_1 = range(1,101,10)
score_1 = np.abs(improvements[:100:10])
plt.plot(range_1, score_1,'o--')
plt.xlabel('Iterations up to 100')
plt.ylabel('Test mean squared error')
plt.subplot(1,2,2)
range_2 = range(100,10000,500)
score_2 = np.abs(improvements[100:10000:500])
plt.plot(range_2, score_2,'o--')
plt.xlabel('Iterations from 101 to 5000')
plt.show()
```

Como exibido no primeiro painel da Figura 19-1, o algoritmo começa com uma taxa de erro alta, mas consegue reduzi-la com poucas iterações, normalmente de 5 a 10. Depois disso, a taxa de erro melhora lentamente a cada iteração. No segundo painel, vemos que, depois de 1.500 iterações, a taxa de erro alcança um mínimo e começa a aumentar. Foi nesse ponto que começou o sobreajuste, pois os dados já entenderam as regras e estamos forçando a SGD a aprender mais quando não há mais nada nos dados além de ruído. Consequentemente, ele começa a aprender o ruído e regras errôneas.

```
In [18]: import matplotlib.pyplot as plt
         plt.figure(figsize=(8, 4))
         plt.subplot(1,2,1)
         range_1 = range(1,101,10)
         score_1 = np.abs(improvements[:100:10])
         plt.plot(range_1, score_1,'o--')
         plt.xlabel('Iterations up to 100')
         plt.ylabel('Test mean squared error')
         plt.subplot(1,2,2)
         range_2 = range(100,10000,500)
         score_2 = np.abs(improvements[100:10000:500])
         plt.plot(range_2, score_2,'o--')
         plt.xlabel('Iterations from 101 to 5000')
         plt.show()
```

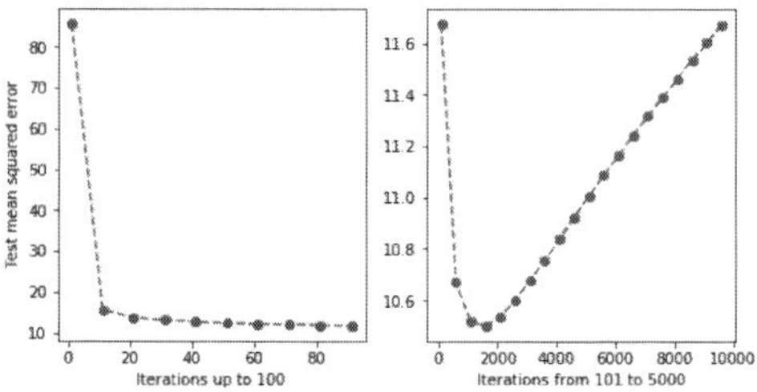

FIGURA 19-1: Uma descida lenta otimizando o erro quadrático.

DICA

A não ser que todos os dados trabalhados estejam na memória, fazer busca na matriz e validação cruzada do melhor número de iterações será difícil. Uma boa ideia é reservar na memória ou no armazenamento uma parte dos dados de treinamento para usar na validação. Ao verificar o desempenho nessa parte intocada, será possível perceber que o desempenho do aprendizado do SGD começa a diminuir. Então, a iteração de dados é interrompida (um método conhecido como *early stopping*).

Brincando com as Redes Neurais

Começando com a ideia da engenharia reversa de como um cérebro processa sinais, os pesquisadores basearam as redes neurais em analogias biológicas e em seus componentes, usando termos como *neurônios* e *axônios*. Entretanto, as redes neurais são simplesmente um tipo sofisticado de regressão linear, pois são uma soma de coeficientes multiplicados por entradas numéricas. E os neurônios são só o local em que as somas acontecem.

Mesmo que as redes neurais não imitem o cérebro (são aritméticas), esses algoritmos são extraordinariamente eficazes contra problemas complexos como reconhecimento de imagem e som ou tradução de linguagem de máquina. Eles também rodam de modo rápido durante a previsão, se o hardware certo for utilizado. As redes neurais bem planejadas usam o nome *aprendizado profundo* e estão por trás de ferramentas poderosas, como a Siri e outros assistentes digitais, com outras aplicações impressionantes de aprendizado de máquina.

Entendendo as redes neurais

O algoritmo central de rede neural é o neurônio (também chamado de unidade). Muitos neurônios organizados em uma estrutura interconectada formam as camadas de uma rede neural, com cada neurônio ligado à entrada e à saída de outros neurônios. Assim, um neurônio utiliza como entrada os atributos dos exemplos ou dos resultados de outros neurônios, dependendo da localização na rede neural.

Ao contrário de outros algoritmos, que têm um pipeline fixo, que determina como os algoritmos recebem e processam dados, as redes neurais exigem que se decida como a informação flui, tornando-se um número de unidades (os neurônios), e sua distribuição em camadas. Por isso, estabelecer redes neurais é mais uma arte do que uma ciência; por meio de experiências aprende-se a organizar os neurônios em camadas e a obter as melhores previsões. Em uma visão mais detalhada, os neurônios em uma rede neural recebem muitos valores ponderados como entradas, os soma e fornece a somatória como resultado.

LEMBRE-SE

Uma rede neural processa apenas informações numéricas contínuas; ela não consegue processar variáveis qualitativas (por exemplo, rótulos indicando uma qualidade, como vermelho, azul ou verde, em uma imagem). Processe variáveis qualitativas transformando-as em um valor numérico contínuo, como uma série de valores binários.

Os neurônios também fornecem uma transformação mais sofisticada da somatória. Ao observar a natureza, os cientistas notaram que os neurônios recebem sinais, mas nem sempre liberam um sinal próprio. Isso depende da quantidade de sinais recebidos. Quando um neurônio cerebral adquire estímulos suficientes, ele dispara uma resposta; caso contrário, permanece em silêncio. De modo similar, os neurônios em uma rede neural, depois de receberem valores ponderados, os somam e usam uma função de ativação para avaliar o resultado, que o transforma de um modo não linear. Por exemplo, a função de ativação pode liberar um valor zero, a não ser que a entrada alcance um determinado limiar, ou diminuir ou aumentar um sinal mudando a escala de modo não linear, transmitindo, dessa forma, um sinal com escala diferente.

Cada neurônio na rede recebe entradas de camadas anteriores (na entrada, conecta-se diretamente aos dados), as pondera, as soma e transforma o resultado usando a função de ativação. Depois de ativada, a saída calculada se transforma na entrada para outros neurônios ou, na saída, na previsão da rede. Como resultado, dada uma rede neural formada por determinado número de neurônios e camadas, o que torna essa estrutura eficaz nas previsões são os pesos usados pelos neurônios para as entradas. Tais pesos não são diferentes dos coeficientes de uma regressão linear, e a rede aprende os valores com passos repetidos (iterações, ou épocas) pelos exemplos do conjunto de dados.

NESTE CAPÍTULO

» Entendendo como funciona uma árvore de decisão

» Usando Random Forest e outras técnicas de bagging

» Aproveitando os ensembles de melhor desempenho com boosting

Capítulo 20

Entendendo o Poder da Multidão

Neste capítulo, vamos além dos modelos individuais de aprendizado de máquina vistos até agora e exploramos o poder dos *ensembles*, que são grupos de modelos cujo desempenho é melhor do que o dos modelos individuais. Os ensembles funcionam como a inteligência coletiva das multidões, usando informações associadas para fazer previsões melhores. A ideia básica é a de que um grupo de algoritmos não treinado produza resultados melhores que um único modelo bem treinado.

Talvez você já tenha participado de um daqueles jogos em que é preciso adivinhar o número de doces em um pote, em festas ou em feiras. Embora uma única pessoa tenha uma chance baixa de adivinhar o número correto, vários experimentos confirmaram que a média das respostas erradas de vários participantes chega muito próximo à resposta correta! Esse conhecimento incrível compartilhado pelo grupo (também conhecido como sabedoria das multidões) é possível porque as respostas erradas tendem a se distribuir em torno da certa. Ao tirar a média dessas respostas erradas, obtemos uma quase correta.

Em projetos de data science envolvendo previsões complexas, devemos aproveitar a sabedoria de vários algoritmos de aprendizado de máquina e prever de modo mais preciso do que quando usamos um único algoritmo. Este capítulo cria um processo que objetiva aproveitar o poder de muitos algoritmos diferentes para obter uma única resposta melhor.

Começando com uma Árvore de Decisão Simples

Há tempos as árvores de decisão fazem parte das ferramentas de mineração de dados. Os primeiros modelos são de muito antes da década de 1970. Desde então, as árvores de decisão se tornaram populares em muitos campos por causa do algoritmo intuitivo, saída compreensível e eficácia em relação a modelos lineares simples. Com a introdução de algoritmos de melhor atuação, as árvores de decisão saíram lentamente da cena do aprendizado de máquina por um tempo, culpadas por serem fáceis demais de sobreajustar, mas voltaram há pouco tempo como um bloco essencial dos algoritmos ensemble. Hoje, os ensembles de árvores como o Random Forest ou o Gradient Boosting Machines são a essência de muitas aplicações de data science e são considerados ferramentas de ponta do aprendizado de máquina.

Entendendo uma árvore de decisão

A base das árvores de decisão é a ideia de que é possível dividir o conjunto de dados em partes cada vez menores usando regras específicas baseadas nos valores dos atributos do conjunto. Ao dividir o conjunto de dados dessa forma, o algoritmo deve escolher divisões que aumentem a probabilidade de estimar o resultado-alvo corretamente, seja como uma classe, seja como uma estimativa. Portanto, o algoritmo deve tentar maximizar a presença de uma certa classe ou certa média de valores em cada divisão.

Facilitando o Aprendizado de Máquina

Random Forest é um algoritmo de classificação e regressão desenvolvido por Leo Breiman e Adele Cutler que usa um grande número de modelos de árvore de decisão para fornecer previsões precisas por meio da redução do viés e da variância das estimativas. Ao reunir muitos modelos para produzir uma única previsão, o resultado é um *ensemble de modelos*. Random Forest não é apenas um modelo ensemble, é também um algoritmo simples e eficaz para usar como um algoritmo com a configuração padrão. Ele facilita o aprendizado de máquina para não especialistas. O algoritmo Random Forest segue estes passos para fazer previsões:

1. **Cria um grande número de árvores de decisão, uma diferente da outra, com base em diferentes subconjuntos de observações e variáveis.**
2. **Carrega o conjunto de dados de observações para cada árvore (amostrado a partir dos dados originais com reposição). A mesma observação pode aparecer diversas vezes no mesmo conjunto de dados.**
3. **Seleciona aleatoriamente e usa apenas uma parte das variáveis para cada árvore.**
4. **Estima o desempenho de cada árvore usando as observações excluídas pela amostragem (a estimativa Out Of Bag, ou OOB).**
5. **Obtém a previsão final, que é a média para estimativas de regressão ou a classe mais frequente de previsão, depois que todas as árvores foram ajustadas e usadas na previsão.**

É possível reduzir o viés usando esses passos, pois as árvores de decisão têm um bom ajuste sobre os dados, e, usando divisões complexas, até as relações mais complexas entre os previsores e os resultados previstos tendem a se aproximar. As árvores de decisão produzem uma ótima variância de estimativas, mas ela é reduzida tirando a média de muitas árvores. Previsões ruidosas, devido à variância, tendem a se distribuir igualmente acima e abaixo do valor correto a ser previsto — e quando se tira a média deles, os valores tendem a cancelar uns aos outros, deixando como resultado uma média de previsão mais correta.

Leo Breiman derivou a ideia para Random Forest da técnica bagging. O Scikit-learn tem uma classe bagging para a regressão (`BaggingRegressor`) e uma para a classificação (`BaggingClassifier`), compatíveis com qualquer outro previsor de sua preferência dos módulos Scikit-learn. Os parâmetros `max_samples` e `max_features` lhe permitem decidir a proporção de casos e variáveis a serem amostrados (não carregados, mas amostrados, então um caso só pode ser usado uma vez) para construir cada modelo de ensemble. O parâmetro `n_estimators` decide o número total de modelos no ensemble. Veja um exemplo que carrega o conjunto de dados de dígitos manuscritos (usado para demonstrações posteriores com outros algoritmos ensemble) e ajusta o modelo por meio do bagging:

```
from sklearn.datasets import load_digits
digit = load_digits()
X, y = digit.data, digit.target
from sklearn.ensemble import BaggingClassifier
from sklearn.tree import DecisionTreeClassifier
from sklearn.model_selection import cross_val_score
from sklearn.model_selection import KFold
tree_classifier = DecisionTreeClassifier(random_state=0)
crossvalidation = KFold(n_splits=5, shuffle=True,
                        random_state=1)
bagging = BaggingClassifier(tree_classifier,
                            max_samples=0.7,
                            max_features=0.7,
                            n_estimators=300)
scores = np.mean(cross_val_score(bagging, X, y,
                                 scoring='accuracy',
                                 cv=crossvalidation))
print ('Accuracy: %.3f' % scores)
```

Veja a precisão da validação cruzada para o bagging aplicada ao conjunto de dados manuscritos:

```
Accuracy: 0.968
```

No bagging, assim como em Random Forest, quanto mais modelos houver no ensemble, melhor. O risco de sobreajuste é baixo, pois cada modelo é diferente dos outros, e os erros tendem a se espalhar em volta do valor real. Adicionar mais modelos acrescenta estabilidade ao resultado.

Outra característica do algoritmo é que ele permite a estimativa da importância da variável enquanto leva em consideração a presença de todos os outros previsores. Dessa forma, é fácil determinar quais atributos são importantes para prever um alvo, dado o conjunto de atributos; e a estimativa da importância ainda orienta para a seleção de variáveis.

LEMBRE-SE

Em comparação às árvores de decisões individuais, não se consegue visualizar ou entender facilmente o Random Forest, fazendo-o agir como uma caixa-preta (uma *caixa-preta* é uma transformação que não revela o funcionamento; tudo o que vemos são entradas e saídas). Dada sua obscuridade, a estimativa de importância é o único modo de entender como o algoritmo funciona em relação aos atributos.

A estimativa de importância em um Random Forest é obtida de modo direto. Depois de construir cada árvore, o código preenche cada variável com dados lixo, e o exemplo registra o quanto o poder preditivo diminui. Se a variável for importante, enchê-la de dados casuais prejudica a previsão; caso contrário, as previsões ficam quase sem mudança, e a variável é considerada insignificante.

Classificador Random Forest

Exemplo do classificador Random Forest usando o conjunto de dados digit previamente carregado:

```
X, y = digit.data, digit.target
from sklearn.ensemble import RandomForestClassifier
```

```
from sklearn.model_selection import cross_val_score
from sklearn.model_selection import KFold
crossvalidation = KFold(n_splits=5, shuffle=True,
                        random_state=1)
RF_cls = RandomForestClassifier(n_estimators=300,
                               random_state=1)
score = np.mean(cross_val_score(RF_cls, X, y,
                                scoring='accuracy',
                                cv=crossvalidation))
print('Accuracy: %.3f' % score)
```

A precisão da validação cruzada relatada por esse código para o Random Forest é uma melhoria em relação ao método bagging:

```
Accuracy: 0.977
```

Apenas estabelecer o número de estimadores é o bastante para a maioria dos problemas encontrados, e fazer isso corretamente é uma questão de usar o número mais alto possível, dadas as limitações de tempo e recursos do computador host. Isso é demonstrado por meio do cálculo e projeção de uma curva de validação para o algoritmo.

```
from sklearn.model_selection import validation_curve
param_range = [10, 50, 100, 200, 300, 500, 800, 1000, 1500]
crossvalidation = KFold(n_splits=3,
                        shuffle=True,
                        random_state=1)
RF_cls = RandomForestClassifier(n_estimators=300,
                               random_state=0)
train_scores, test_scores = validation_curve(RF_cls, X, y,
                                  'n_estimators',

param_range=param_range,
                                  cv=crossvalidation,
                                  scoring='accuracy')
mean_test_scores = np.mean(test_scores, axis=1)
import matplotlib.pyplot as plt
```

```
plt.plot(param_range, mean_test_scores,
         'bD-.', label='CV score')
plt.grid()
plt.xlabel('Number of estimators')
plt.ylabel('accuracy')
plt.legend(loc='lower right', numpoints= 1)
plt.show()
```

A Figura 20-1 mostra os resultados fornecidos pelo código anterior. Quanto mais estimadores, melhores os resultados. No entanto, em certo ponto, o ganho realmente se torna mínimo.

Trabalhando com um regressor Random Forest

O `RandomForestRegressor` funciona de modo similar ao Random Forest para classificação, usando exatamente os mesmos parâmetros:

```
X, y = boston.data, boston.target
from sklearn.ensemble import RandomForestRegressor
from sklearn.model_selection import cross_val_score
```

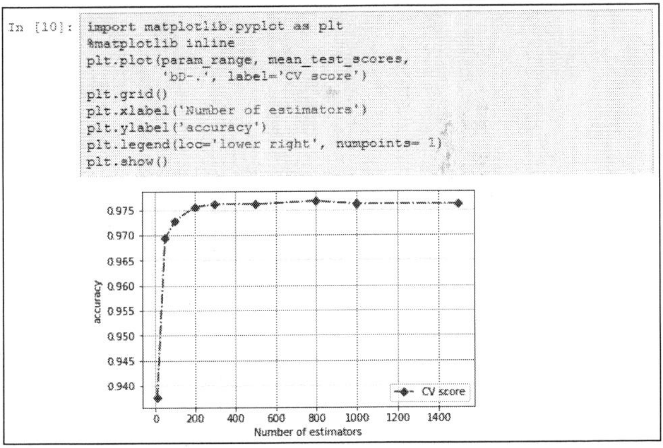

FIGURA 20-1: Verificando o impacto do número de estimadores em Random Forest.

```
from sklearn.model_selection import KFold
RF_rg = RandomForestRegressor (n_estimators=300,
                               random_state=1)
crossvalidation = KFold(n_splits=5, shuffle=True,
                        random_state=1)
score = np.mean(cross_val_score(RF_rg, X, y,
                scoring='neg_mean_squared_error',
                cv=crossvalidation))
print('Mean squared error: %.3f' % abs(score))
```

Este é o erro quadrático médio resultante da validação cruzada:

```
Mean squared error: 12.028
```

LEMBRE-SE

O Random Forest usa árvores de decisão que segmentam o conjunto de dados em pequenas divisões, chamadas folhas, ao estimar valores de regressão. O Random Forest tira a média dos valores em cada folha para criar uma previsão. O uso desse procedimento faz com que valores altos desapareçam da previsão por causa da média usada para cada folha da floresta, produzindo valores amortecidos, em vez de valores muito mais altos ou baixos.

Melhorando as Previsões

Reunir diferentes modelos de árvores não é a única técnica de ensemble possível. Na verdade, outra técnica de aprendizado de máquina, *boosting*, usa os ensembles de modo eficaz. No boosting, muitas árvores são criadas em sequência. Cada árvore tenta construir um modelo que preveja com sucesso quais árvores já construídas não foram capazes de prever. A técnica reúne modelos subsequentes e usa uma média ponderada ou um voto de maioria ponderada no final da previsão.

Todos os algoritmos boosting atuam tanto com a regressão quanto com a classificação. O conjunto de dados multirrotulado de dígitos manuscritos é ótimo para começar, assim como foi com Random Forest.

Se os dados já foram carregados, usando `load_digits`, na variável `digit`, basta reatribuir as variáveis `X` e `y`, como a seguir:

```
X, y = digit.data, digit.target
```

Sabendo que muitos previsores fracos vencem

`AdaBoostClassifier` ajusta previsores fracos sequenciais e, por padrão, é usado ao trabalhar com árvores de decisão, mas outros algoritmos podem ser escolhidos ao mudar o parâmetro `base_estimator`. Os previsores fracos geralmente são previsores de aprendizado de máquina que não têm bom desempenho porque têm muita variância ou viés, então o desempenho é apenas um pouco melhor que o acaso. O exemplo clássico é o toco de decisão (decision stump), que é uma árvore de decisão de um único nível. De forma geral, as árvores de decisão são uma opção mais bem treinada no boosting, para que o padrão seja usado com segurança e se concentre em dois parâmetros importantes para obter boas previsões: `n_estimators` e `learning_rate`.

`learning_rate` determina como cada previsor fraco contribui com o resultado final. Uma taxa alta de aprendizado requer alguns `n_estimators` antes de convergir para uma única solução ideal, mas provavelmente não será a melhor solução possível. Uma taxa baixa de aprendizado leva mais tempo para ser treinada porque requer mais previsores antes de chegar a uma solução. Além disso, também sobreajusta de forma mais lenta.

DICA

Ao contrário do bagging, o boosting sobreajusta se for utilizado com muitos estimadores. Uma validação cruzada é sempre útil para encontrar o número correto, lembrando que taxas de aprendizado mais baixas demoram mais tempo para sobreajustar, então é mais fácil escolher o valor quase ideal usando uma busca em matriz.

```
from sklearn.ensemble import AdaBoostClassifier
from sklearn.model_selection import cross_val_score
from sklearn.model_selection import KFold
```

```
ada = AdaBoostClassifier(n_estimators=1000,
                         learning_rate=0.01,
                         random_state=1)
crossvalidation = KFold(n_splits=5, shuffle=True,
                        random_state=1)
score = np.mean(cross_val_score(ada, X, y,
                                scoring='accuracy',
                                cv=crossvalidation))
print('Accuracy: %.3f' % score)
```

Depois de rodar o código, a precisão da validação cruzada é obtida:

```
Accuracy: 0.754
```

Esse exemplo usa o estimador padrão, que é uma árvore de decisão desenvolvida. Se quiser tentar um toco (que precisa de mais estimadores), instancie o `AdaBoostClassifier` com `base_estimator=DecisionTreeClassifier(max_depth=1)`.